特別活動でみんなと創る楽しい学校

八王子市立弐分方小学校校長
清水弘美 著

取材・構成
浅原孝子

·学館

もくじ

はじめに

日本の学校で誰もが特別活動（特活）を経験しているにもかかわらず、特活といってわかる人は、ほとんどいません。教師であっても実のところよくわからないという人が多いのです。

小学生の子どもは、朝8時〜夕方4時ぐらいまで約8時間学校にいます。そのうち45分間の授業を6時間目まで行って、合計4時間半は授業を受けています。残りの3時間半は特活をしているのです。いわゆる国語・算数などの授業以外のすべての時間が、特活になります。学校には学ばない時間は1秒たりともありません。友達と遊ぶこと、仲良くすること、けんかをすること、掃除や給食当番、クラブや委員会、始業式や運動会、避難訓練、歯科検診だって、「学びの時間」であり、特活です。

特活は、自分から進んで動くこと、他の人と協力すること、最後までやりきること、自分らしく行動すること、優しくすること、そういう価値に気付いて自分の生活に取り込んでいく方法を学ぶ時間なのです。そんなすごい教育活動だからこそ、学校生活の半分近い時間を使って指導されています。

特活は、今自分がいる社会をもっとよいものにしていく活動です。そのことを、一人でも多くの方に知ってもらいたい、その価値を理解してもらいたい、さらに教師なら指導できるようになってもらいたい、という思いでペンをとりました。

本書は、特活のハウツー本ではありません。特活的な思考回路で生活すると、学校が楽しくなること、さらに自分の人生も楽しくなることが書いてあります。特活の可能性を知って、自分もやってみたいと思ってもらうための本です。

特活のやり方は簡単です。「リズム」「プレッシャー」「愛」の三種の神器を指導に取り入れれば、他に決まりはありません。とはいえ、実際にはどうすればいいのかわからないと思う人も多いことでしょう。まずは「みんなで一緒に楽しいことをやろう」と動き出してみましょう。特活は身構えないで、とにかくやってみることです。そして、どうせやるなら徹底的にやりましょう。楽しい体験を夢中でやっているだけで、仕事や人生を楽しくするコツを大人も子どもも学べるのです。とても素晴らしいことだと思いませんか。

特活的な思考回路を、私は「特活脳」と呼んでいます。

「特活脳」は、話合いの技術と、工夫を楽しむ気持ちをもって、どんな壁をも乗り越えていく思考回路です。

自分の生活をどうつくっていくかを、自分の頭で考えて、仲間と一緒に考えて、実際につくり上げていく経験は、共にみんなと生きる共生社会の担い手を育てることになります。

教師と子どもたちが、生活のリズムを楽しみ、プレッシャーに立ち向かい、誰もが温かく受け入れられ続ける学校が、私の願う「楽しい学校」なのです。

さあ、「特活脳」で楽しい学校づくりを始めましょう。

平成29年3月　清水弘美

※本文中に登場する児童名はすべて仮名です。

第1章 校長として、弐分方小学校に特活を根付かせる

「なんじゃ、こりゃっ！」の小学校

「ちゃんとしなさい！」

マイクごしに大声で怒鳴ったのが、この小学校に赴任した私の第一声でした。平成24年4月6日、東京都八王子市立弐分方小学校での始業式。新学年になって最初の日なので、子どもたちも「自分たちの担任はどの先生かな？」とわくわくした気分の日のはずです。

当時の副校長の斉藤郁央《さいとういくお》先生が、「これから平成24年度、弐分方小学校の始業式を始めます。一同礼」と重々しく言いました。ところが、子どもたちはザワザワとして、静かになりません。

「始めに校長先生のお話です」と、斉藤副校長の進行で私が朝礼台に上がります。「校長先生」と言っているのだから、見知らぬ顔でも、「この人が校長先生か」と注目するのが普通でしょう。ところが、いざ話そうと思っても、あっちもこっちも子ども同士がおしゃべりをする、地面に座っている、歩き回っている。少しも集中して人の話を聞くということができません。

クラスごとに並んでいますが、列もぐちゃぐちゃ。私はそれを見て「なんじゃ、こりゃ！」と驚きました。校長としての最初の話を何にしようかと意気込んで準備してきたのが、台無しです。

普通なら「おはようございます。私が今度、この学校に来た校長の清水弘美です。皆さんと会えるのを楽しみにしていました」というところですが、「ちゃんとしなさい！」の次の言葉が、「立ちなさい。話を聞きなさい！」。

マイクを通して、近所中にまで聞こえるように注意しました。子どもたちは怒鳴られ、「えっ⁉」とつかの間こちらを向いたので、そこそこ話をして終わりました。

前任校とその前の学校で私は副校長をしていましたが、少なくとも子どもは話を聞くということができていました。それが普通だと思っていました。それが朝礼台に校長が上がっても話を聞くことができないなんて、見たことがありません。

なるほどこの学校は、子どもが教師の話を聞くというのが、普通のことではないのだと実感した初日でした。

地域のボランティアが集まらない

私が校長に就任する以前は、毎年のように、学級崩壊があったそうです。一般に、学級崩壊の原因はひと言では言えません。様々な要因が重なって起こります。でも確かなことは、学級崩壊は教師も子どもも不幸にするということです。その頃の弐分方小は、学級崩壊が目の前にあり、実力のある教師でさえつぶれる寸前でした。「あの担任はだめだ」と校長室へ毎日のように通ってくる母親、ときどきやって来て一方的に話す父親など、モンスターペアレントがどっさりでした。

そこで私は

「地域ボランティアを呼びましょう」と、斉藤副校長にもちかけました。

学級が荒れているのだったら、人手をもう少し入れて手伝ってもらったら改善できると考えたからです。前任校で、ボランティアを数多く入れ、図書館を整備してもらったり、様々な授業をしてもらったりしてすごく助かった経験があるので、「ボランティアで助けてもらいましょう」と思ったわけです。

しかし、「この地域ではボランティアは集まりません」と否定する斉藤副校長に対し、私は「いないんですか？」と驚きました。「まあ、一人くらいは」と斉藤副校長は申し訳なさそうに体を縮ませました。

「何でなの？」と、私は不思議で仕方がありませんでした。

ずっと昔、弐分方小の子どもが学校の外で悪さをして嫌われていて、地域が協力してくれないという歴史があったというのです。地域の人たちが「弐分方小の子、悪いよね」という状態だったので、学校も閉じて、中の様子を見せようとしませんでした。

そのとき、これではいけないと確信しました。そこで「地域の風が行き交う学校をつくります。地域の人を入れて、学校を開きます」と教師たちに宣言したのです。

今どんな状態であろうと、とにかく見せていく。うまくいってから見せるのではなく、うまくいっていなくても、見せることからスタートします。閉鎖的なままでは地域の力を借りることはできません。地域の力を借りないと、子どもは大きく育ちません。子どもたちの問題行動をなくして、地域に信頼される学校にするには、保護者が背を向き、地域はほとんど無関心という現状の改善が必要でした。

『聴耳』で、教師たちを特活の道へ

当時本校の教師は、子どもに任せる、子どもと楽しむというような、子ども中心の特活をまったく知らなかったので、「特活をやりますよ」と言っても、その方法を伝えていかなくてはなりません。まず、特活指導のポイントを書いた『聴耳《ききみみ》』プリントを発行し、教師たちに配ることにしました。

4月はすぐに委員会が始まりますから、委員会の最初にはこういうことを言ってくださいというように時期に合わせた特活のハウツーものを入れていきました。

教師というのは学級経営に関しては、各自に任せられていることが多く、学級づくりの具体的な技術を意外と知りません。

子どもと出会う大切な第一歩を、特別な用意もなく過ごしてしまうこともあります。学級経営はタイミングなのです。

聴耳

ききみみ２１（8/27）

鳥獣の言葉かわかる宝により福を得るというもの

二学期の初日はどうすごす？（たとえばこんなのいかがです）

① 2学期最初に・・・何でも順位を付けて遊ぶ（朝の会）

教室に先生がいて「おはよう」と言ってもらえたら嬉しいですね。

私は、朝、黒板の隅に１着、２着、３着と書いて、名前を貼りました。賞状が必要なわけではないのです。皆の前で、「2学期に最初に教室に来たのは○○さんです。やる気満々第１位！」とかいって、握手するだけです。

他にも何でもできます。【２学期最初に】手を挙げた・発言した・きちんと座った・帰りの支度をした・先生の名前を呼んだ・・・。日常の行動の全てが【２学期最初に・・】になるのです。その都度大げさに対応して、１日中遊びます。遊び心で始めましょう。

② 勉強はスタートダッシュ（2時間目）

前日までに準備してあった授業を始業式の後には始めましょう。夏休みの宿題の提出や自由研究の発表などはその後です。

私は漢字１０問テストをしました。終わっても終わらなくても、５分で切って、隣と交換して一斉採点。満点でない人には５分練習してまたテスト。次からは満点の子に丸付けをさせます。全員が満点とれるまで終わらないというプレッシャーもかけました。（特別支援の子には配慮してね）。全員で漢字満点がとれたという１日を作ります。

③ クラス遊びをしよう。（3時間目）

低学年でやるような、短い（１５分くらい）学級会をします。議題は「皆が２学期に力を合わせて頑張れるようになるための遊びを考える」です。どろけい・大なわ・鬼ごっこ・フルーツバスケット等々、何でもよいので、パッと決めて遊びます（３０分くらい）

④ 誰かのために頑張ること宣言大会（4時間目）

皆で遊んで、テンションが上がったところで、２学期に友達やクラスのために自分が頑張ることを１つだけ発表します。記録を取って、翌日の学級通信に乗せておきましょう。「誰かのために頑張る」を意識させることは学級づくりで大切です。

個人の２学期の目標を書かせるのは、翌日か宿題でいいでしょう。

⑤ 時間を延ばさず、ビシッと大きな声でさようならのあいさつをする（帰りの会）

『聴耳』で、教師に特活的意識を育てていった。

校内研究のテーマを、突然変える

1年目の校内研究は、教師たちに学級経営の考え方と特活の基礎を学んでほしいと思い「協同学習」に決めました。これは今注目の、アクティブ・ラーニングにもつながります。

私が赴任してきたときには、今年度の校内研究はすでに国語と決まっていました。校内研究のテーマは前年度の3月、その年の反省を踏まえ、研究テーマを決めるというのが一般的です。

数年間、算数で取り組んできたので、次は言語の力を高めるために国語をやろうということになっていて、「今年は国語で研究することになっています」と斉藤副校長に言われました。そのとき私は「いいえ、本校は2年目に特活をやりますが、1年目は地固めとして協同学習でいきます」と宣言したのです。協同学習は、特活の入門になるからです。

ルール破りもいいところで、そんなわがままを言う校長は聞いたことがありません。

しかし、そのときの教師たちはあまり研究にこだわりがない状態だったので、「どうぞどうぞ、好きにやって」という感じで、大きな反対もなく、校内研究は、協同学習に決まりました。

1年間の準備期間を経てまで、特活をやりたかったのは、これまでの私の特活の経験を生かして本校を立て直したかったからです。そして、何より、教師たちに特活の価値に気付いてほしかったのです。

保護者には『親ばかのすすめ』を発行

保護者の意識改革にも取り組みました。何人もの茶髪の子どもも、教師に対して暴言を吐く子どもも、遅刻しても平気な子どもも、それでかまわないという考え違いの保護者が多かったので、『親ばかのすすめ』というA4 1枚のプリントを出すようになりました。どんな子どもでもかわいい、かわいいとひたすら思うのが親ばかでしょう。でも、かわいい、かわいいを続けたために、うちの子だけよければいいというのは正し

くない親ばかです。正しくない親ばかの例を紹介して、正しい親ばかはこうだという
プリントを頻繁に発行しました。それほど出したくなるようなことが起きていたので
す。教育委員会にも通さない、本校の保護者だけに配付する、私の強い主義主張を書いた「校長室だより」です。

プリントの内容は学校での出来事ですが、フィクション仕立てになっています。教師が読むと、あの親のことだとわかるのですが、それを読んだ当の保護者は「本当にこんな非常識な人がいるんですよね」とわかっていません。それでも、いずれ気付いてもらえると信じていました。

『親ばかのすすめ』を配ると、子どもたちが「親ばかだ。お母さん喜ぶよ」とか「これをコピーして、おばあちゃんにもあげているんだよ」というように、ものすごく人気があるのです。なぜ人気なのかというと、本当はみんな思っているけど言えないことをずばずば書いているからでしょう。発行して5年目になりましたが、現在も継続して出しています。これによって保護者の意識改革が進んでいきました。

「無理が通れば、道理が引っ込む」というように、それまでの弐分方小にはおかしいと思っても一人では言えない、でもきちんとした保護者もたくさんいたのです。そう

いう方々にとっては、はっきりだめなものはだめと言い切る『親ばかのすすめ』は、共感できたのでしょう。

こんな親ばかは嫌だ

学校には朝も放課後も関係なく保護者から「今日の宿題は何ですか？」「明日の持ち物は何ですか？」という電話が毎日のようにかかってきます。保護者は教師に聞くと間違いないから、軽々しく電話をかけてきて、教師が忙しくなるわけです。子どもがきちんと聞いてこなかったのだから、本当は恥ずかしいこと。普通は友達の親に聞く内容です。でも親同士が横のネットワークをつくっていないから、聞く相手がいません。そこで、我が子の恥をさらしていても気にせず学校へ聞いてくるのでしょう。

子どもが学校へ行きたくないと言えば、欠席の連絡もせずに休ませる、給食費は払わない、校長はやたら学力学力と言うけれど、人間にはもっと大切なことがあるから、勉強などしなくてもいい、などと堂々と言ってきます。勉強など必要ないと言えるのは、勉強をしてきた人だけです。学校が子どもたちの安全と安心を保障し、最低限の学力向上を目指すには、このような保護者の意識改革が必要でした。

「謝るときは、1ミリも言い訳をするな」のテーマで書いたのは、このようなことが起きた後でした。

バスケットゴールを壊した子がいました。日曜日に校庭に来て、ゴールリングにぶらさがっていたら、古いために壊れてしまったのです。そこで、当事者たちの保護者を呼んで注意をしました。

そうしたら、そのうちの一人の保護者が、唐突に

「サッカーゴールが新しくなったんですね」

「そうです。壊れたから、新しくしました」と私。

「うちの子、バスケットボールが大好きで、古いバスケットゴールを壊せば新しくなると思っていました。うちの子それくらいバスケットボールが好きなのです。先生、わかってください」と言ったのです。

「お母さん、今日は何をしに来たのですか。うちの子はバスケットボールが好きだからわかってほしいと。だからこれは悪いことではないからわかってくださいと言いに来たのですか。ものを壊したのだから謝りにきたわけでしょう」と、めずらしく厳しく言いました。

言い訳だけをひたすら言いに来る保護者がたくさんいました。そこで、正しい謝罪の仕方を保護者に向けて書きました。

『親ばかのすすめ』は子どもの問題を例にあげながら、保護者に向けて言っているのです。このようなことを発信して保護者の意識を変えていきました。多くの保護者はその意味を理解してくれて、茶髪も減り、給食費滞納もゼロとなり、担任へのクレームを言いに来る保護者もいなくなりました。

保護者の意識改革で、学校がよくなる。

～親ばかのすすめ～

保護者ナビ 250613（ｆｏｒ弐分方小）　校長　清水弘美

子供にとっての「喧嘩の必要性」を理解する

＜子供の喧嘩に親が出るな＞

子供には喧嘩をさせてください。

親は、子供の喧嘩を見守る心の広さが必要です。

子供同士は収まっているのに、後から保護者同士で喧嘩になることがあります。子供の喧嘩を親が引き受けることは、子供のためではなく、自分のためなのです。自分のプライドを傷つけられたような錯覚になっているのです。

担任から「もう収まっていますが、こんなことがありました」と聞かされた時に、「しっかり勉強したな」と思えるか、「それはどういう事ですか？詳しく報告してください。」と思うかどうかで、子供をかわいがっているのか、自分をかわいがっているのかが別れる所です。自分が納得したいためだけに、子供の心を揺さぶることになるのです。そして対応の失敗（以下参照）をするのです。

大人の理屈は子供の世界では通用しません。子供の世界は理不尽で残酷なものです。それをお互いに経験して、傷つきながら、受け入れながら大人になっていくのです。

＜子供の喧嘩の対応の失敗例＞

一番悪いのは、「うちの子に限って」です。また、「もしうちの子が、そんな悪さをしたら、ボコボコにしてやります」です。子供の本来の姿を受け入れないと宣言しているのです。

悲しませたくない、親に嫌われたくない、親に怒られたくないと

当化して親に話します。嘘ではなくても、事実を一部隠すことを

原因を隠します）

ってしまうことです。

でも、うちの子には、こんな理由があったのです。出来心です。

状酌量を訴えます。

き罰を受けきらずに、ずるさや、言い訳の仕方を学びます。

も、親が解決しようとしたための対応の失敗です。

解決できる子供の喧嘩はありません。

何があっても子供の味方であってください。

が正しい親ばかです。子供を正当化するのでなく、未完成なまま

を受け入れ、正しい判断を諭してやることです。時には親が一緒

ことも必要です。子供の喧嘩は、勝ち負けではなく、それ自体が

」なのです。我が子の成長のチャンスを楽しみましょう。

～親ばかのすすめ～

保護者ナビ 250918（ＦＯＲ　弐分方小）　校長　清水弘美

子どもの学力を伸ばすには（その２）

「いつやるの？今でしょう」の予備校講師、林　修先生と保護者との面談がありました。

保護者：学力を上げるために家庭にお願いしたいことはなんですか？

林先生：姿勢をよくしてほしいという事です。

保護者：何の姿勢ですか？

林先生：全ての姿勢です。人の話を聞く時、本を読むとき、ご飯を食べる時、立つ時、座る時、全てが大事です。人間は二足歩行になって脳がすごく発達しました。二本足で直立する方が、頭を安定して支えられるから、脳は安心して発達できたのです。姿勢のいい子は集中力が違います。学力を伸ばそうと思ったら、まず日常生活の姿勢をよくしてください。

◇「学力不振な子は、姿勢が悪い」これは事実！

昨年度、弐分方小に来て、子供たちの姿勢の悪さがとても気になりました。机に斜めに座ったり、浅く腰掛けてのけぞっていたり、机から脚をはみ出させチンピラのような姿で授業を受けている子が目立ちました。そして、その全員が授業に集中せず、同時に学力が不振な子供たちでした。学力が不振だからやる気がないのか、やる気がないから学力不振なのか、弐分方小の悪しき習慣です。

そばに行って姿勢を正すように言うとその場だけ嫌々直しますが、すぐにまたデレッなってしまいます。しかも学年が上がるほど多いのです。

◇よく子供を見て、原因をさがそう

しばらく子供たちを見ていて気が付きました。反抗的な子供は大丈夫。目先を変えてやれば伸びていきます。困るのはひねているわけでも、反抗しているわけでもない、無気力な子供たちです。彼らは日頃から体を支える生活をしていないので、筋力が弱く同じ姿勢をキープできないのです。その子たちの多くは姿勢よく歩くこともできず、すぐ下を向きます。お子さんはどうですか？

◇だから子供を鍛えるのです

日頃から姿勢を意識することで、筋肉は発達します。小さな頑張りを習慣づけましょう。姿勢を意識させるとすっと子供たちの仙骨が立って、教室に爽やかな風が吹きます。やる気のある子は仙骨が立っています。

弐分方小の子供は、昨年度よりも、下敷きを使い、尖った鉛筆で授業を受ける子が増えました。後は姿勢です。筋力を付けましょう。日常のいろいろなところで姿勢をよくするだけです。日本の武道は全て姿勢を大事にしていますね。

「せ・め・て」は弐分方小に以前からある合言葉です。「背中ピン」「目はこちら」「手はおひざ」の意味です。学校は「せめて」に取り組みます。ご家庭でも食事の時には、姿勢をよくして食べることを習慣づけてください。集中力をつけて、学力を伸ばしましょう。

『親ばかのすすめ』通信で、保護者の意識改革を図った。

保護者会で弾丸トーク

保護者会では全学級に顔を出して、経営方針を話して回ります。困っていることも隠さず話します。

「給食費を払わないのは無銭飲食です。給食費を払わないときちんと払っている人からもらうことになります。払っている皆さんの給食費の中から毎日、10円ずつもらっているのと同じです」

「今日も払っている皆さんの給食費からそれぞれ10円もらいました。明日ももらいます。昨日も一昨日ももらいました。チャリーン、チャリーンって」

と言うと、保護者は「え～っ」と声を上げます。自分のお金が使われていることを知ると、自分事になるようです。その「え～っ」を聞かせることで、給食費を払わないと人に迷惑をかけるということを、払っていない本人に気付いてもらいます。

もちろん、子どもたちのかわいいところもたくさん伝えます。何より強く伝えるのは、教師が本当にがんばって仕事をしているということです。「学校の教育活動に協力しない家庭の子どもは、学力など様々な力が伸びません」と伝えます。あまりずばりと言うので、そばで聞いている担任たちがヒヤヒヤしたと言っていました。

特に4月の保護者会は1年間の経営方針を伝えるので、とても大切にしています。外せない出張が重なったときも、何とか伝えたくて、ビデオレターを作りました。体育館で大きく映し出して、保護者に伝えます。カメラ目線でキャスターの滝川クリステルさんぽく気取ったりして、笑われてしまいました。

校長室でガールズトーク

校長室はいつでも開いています。「誰でも話しに来てください」と保護者に伝えていますが、校長室の敷居は高いのでしょう。なかなか遊びに来てもらえません。用もないのに校長室へ行くという発想そのものが信じられていなかったのです。

そこで日時を決めて募集のプリントを配りました。毎月1回、お茶とお菓子付き。はじめは5人集まりました。校長室の広さからいってちょうどよい人数です。お子さんの個別の相談は別の機会をつくるので、ガールズトークをしましょうと言って集めました。

子育てのこと、おしゃれのこと、仕事のこと、ご主人のこと、まさにいろいろなことをしゃべりました。「親」と話すのでペアレント、校長が話すのでプリンシパルということで「Ｐトーク」としました。

これはとても貴重な情報源になりました。保護者からの教師の評価、保育園友達から聞いた他校の話、保護者同士の噂話まで聞けて、学校経営の役に立ちました。私からも、やってみたいと思っているけれど、まだオープンにしていない取り組みのことや困っていることなどを伝えました。同時に母親の先輩として、働くママとしての悩み相談も受けました。夫婦間の悩みも…。嫁姑問題はいつの時代も普遍的な話題です。

こうして保護者の中に入り込み、今度の校長はおもしろそうだとか、変わっているとか思われることに成功しました。何と思われても、無関心よりずっとよいのです。校長室のドアには「ノックをしていつでもお入りください」と顔写真入りの札をかけています。最近は「校長先生、ちょっといいですか」と、おそるおそる入ってくる親が増えました。うれしいことです。

「ゆりーとダンス」で、全校特活を始める

こうして、教師たちには『聴耳』、保護者には『親ばかのすすめ』を出し、特活的な思考を浸透させていきました。同時に、「私が特活を見せます」と言って、一人で全校児童を対象に活動を始めました。

何をしたかというと、運動会の種目を無理やり一つ増やし、「全員ダンス」を行うことにしたのです。全校ダンスではなく、全員ダンスです。「地域の風が行き交う学校をつくる」という目標の第一歩として、地域の人もすべて巻き込むイベントを組もうと思ったのです。それには、人がたくさん集まる運動会が一番いいということで、運動会の中に「全員ダンス」という種目を入れることにしました。

おりしも、スポーツ祭東京２０１３（第68回国民体育大会・第13回全国障害者スポーツ大会）が東京都で開催されることになりました。東京都での国体は54年ぶり。50年に一度しかこない催しだから、東京都も盛り上げたいと考えたのでしょう。ゆりーとダンスを学校でやってほしいと、「ゆりーとダンス　ニッコリ・ファイト！」と

いうＤＶＤが学校に送られてきました。

「ゆりーと」は、スポーツ祭東京２０１３のマスコットキャラクターで、都民の鳥「ユリカモメ」と「アスリート」がモチーフになっています。

といっても私は体育の授業をもっていません。そこで、休み時間に体育館でゆりーとダンスの踊り方のＤＶＤを映し、曲を大音響でかけ、舞台で私が一人で踊り始めました。

子どもたちは休み時間にあちらこちらで遊んでいますから、「こんどきた校長、何か変なことやってるぞ」という感じでのぞきに来ました。そんな子には「おいで、おいで、みんな一緒に踊ろうよ」と言って、誘いました。私がとっても楽しそうに踊るので、子どもたちも何となく集まってきました。この「楽しそう」ということが、特活ではとても大切なのです。

斉藤副校長は心配して「ぼくも一緒にやりましょうか」と言ってきますが、「いいの、いいの、大人の力はいらないの。子どもの力だけでやるから」と断りました。

全校４００人もいれば中にはダンスの好きな子がいて、だんだんと子どもたちが集まってきます。最初は私しか舞台に上がっていなかったけれど、「あなた、上手だから上がっておいで！」と言って褒めて、練習してきたことを認め、早くから踊れるようになった子を舞台に上げるように導きました。そうすると、また、どんどん集まります。

みんなが慣れてきたところで、「これは運動会でもやりますよ。だから覚えてください」と発表しました。

運動会では、各教師は表現運動を指導するので精一杯です。ゆりーとダンスまで手をかける時間はありません。だから「ゆりーとダンスは、私の方でします」と言って、授業外の時間で練習を開始。児童会の子たちを集め、「子どもが中心になって学校全体でするので、あなたたちが軸になってやってほしいんだけど、やってくれるかな」と頼みました。

6年生の6人の児童会メンバーが中心になり、実行委員として本格的に始まったわけです。次いで、夏休み中に、町内の老人会に私が出かけていって「学校で子どもたちと一緒にゆりーとダンスを踊りませんか？」と声をかけたら、約20人の参加を得たのです。

ゆりーとダンスには、椅子に座ってできるシッティングバージョンもあるので、私はそのシッティングバージョンを踊りました。実行委員の子や参加してくれるおばあちゃんのお孫さんが一緒に手伝ってくれて、「お年寄りにダンスを教える会」を計３回開催できたのです。

あとは放課後です。本校は「放課後子ども教室」があって、学校に残っている子が約１００人いるのです。そこで放課後、残っている子どもたちを集め、ゆりーとダンスを実施しました。楽しくやっていると楽しい渦に巻き込まれていきます。私はそれを求心力と呼んでいます。最初は、私一人でぐるぐる回っているコマになり、そして楽しい渦に周りの人をどんどん巻き込んでいくわけです。

子どもから発信して、地域へ広める

いよいよ2学期。運動会の演目なので、教師たちにも「先生方もゆりーとダンスを踊ってもらいますから、覚えてくださいね」と伝えると、チラホラと教師も休み時間に体育館にやって来て、一緒に踊って練習をするようになりました。担任が踊り始めると、また、子どもたちもダダッと増えるものです。

中学校にも出かけていって、「ぜひ協力してください」とお願いしたら、バスケットボール部の生徒たちが練習に参加してくれました。

近隣の幼稚園や保育園にも声をかけると、東京都で推進しているから子どもたちはゆりーとダンスを踊れるといいます。「運動会に来て参加してね」とお願いしました。保護者には、PTAを中心に、「子どもから教えてもらってください」と手紙を出し、参加を呼びかけたのです。

町内会には、ダンスクラブの子たちを夏祭りに連れていって、やぐらの上でゆりーとダンスを披露しました。「今度、運動会を10月1日にやりますから、皆さんも来て踊ってくださいね」と言って、子どもに広報活動をさせたのです。あちこちの町内会の夏祭りに出かけていきました。子どもが出れば親も集まります。「今までにこんなに祭りに人が来たことがない」と、町内会の方に驚かれたほどです。

そうやって、地域に学校の教育活動をアピールしていきました。うねりを作っていったのです。やるからには、華やかにということで、メディアにも通知し、八王子市広報、八王子のケーブルテレビ、テレビ朝日、東京新聞、読売新聞などで取り上げてもらいました。

なぜメディアが訪れるかというと、国体だからなのです。一つの学校がめずらしいことをしているくらいでは、メディアは動きません。東京都の大きなブームに乗って、学校をドーンと出していったのです。すると地域の人が注目し始めました。「弐分方小、なんかやっているらしい」「今度、運動会でダンスをやるらしい」という噂《うわさ》が広まり、実際、運動会への参加者も大勢になりました。

運動会当日、保護者も踊り、幼稚園児、保育園児も踊り、地域の人も来て、子どもたちの弟や妹も踊り、大勢で、ゆりーとダンスをにぎやかに踊りました。

八王子市長も来校して、校庭であいさつをしてくれ、地域の人たちは大喜びです。本物のゆりーとキャラも来て、子どもたちは夢中です。おじいちゃんやおばあちゃんはテントの前に椅子をＶの字に並べ、一番前にはダンスクラブの子どもたち、中央の朝礼台にはゆりーと、その横のポートボール台には、実行委員の子どもたちを乗せ、さらに、国体の旗を振る係も作りました。

がんばった子どもたちを思い切り目立たせるという形で、第１回目の私の全校特活を見せたのです。

私は、上手に踊らなくても、何となくできればよい、みんなでわっと楽しく踊ればよいと思っていたのですが、子どもたちはみんな各家庭で一生懸命に練習をしていました。このように、教師たちが叱ったり、「早くやりなさい」と指示をしなくても子どもは自分たちで練習してくるのです。これは特活の仕掛けの成果です。

運動会当日、大きなゆりーとのてるてる坊主を作って、国旗掲揚のときに、市旗と一緒に「てるてるゆりーと」も掲揚。会場にワッと笑いがおきました。そうやって、全校特活を活用して、学校行事を一つのイベントとして地域に発信したのです。

児童会の子どもたち、ダンスクラブの子どもたちを中心において、子どもたちが目立つように、成功するように、いろんな作戦を組んだのが私の仕事です。ダンスクラブの子どもたちはその成功体験に味をしめて、毎年毎年、盆踊りにはやぐらの上で踊り、地域の大会があると踊りに行き、自分から進んで発表するようになりました。

学校行事を、地域に発信！

「てるてるゆりーと」を、市旗とともに掲揚。

集団行動の号令オーディション

運動会では、集団行動の演技も行いました。集団行動とは、大勢がそろって行進し、交差したり、隊形を変えたりする表現の一つです。

運動会が終わってしばらくした頃、「弐分方小は集団行動をしています」とテレビ局に保護者が映像を投稿したようです。するとテレビ局から「集団行動の全国大会をしますが、参加しませんか」と声がかかりました。おもしろそうなので、軽く、「出る出る」と言って準備を始めました。後でたいへんなことになろうとは、このときは思ってもいませんでした。

集団行動は軍隊のように見られます。でも本当は、集団行動を演技する子どもたちに主体性がなくては成功しないのです。そこで、私は、集団行動を特活的手法でつくりたいと思って、グループごとにリーダーを決めて、練習をさせました。子どもたちの休み時間もグループごとに歩く練習や、朝練をしました。「テレビに出るんだ」「全国大会に出るんだ」ということで気力を持たせたり、集団行動の大家である日本体育大学の清原伸彦先生に指導をいただいたりと、いろいろと奮起を促し、意欲を持続させていきました。

集団行動には、号令をかける人が必要です。号令は、タイミングを見計らって、ぴったりかけることが重要です。例えば、「回れ右、前へ進め」と号令をかけるとき、右足を踏んだ瞬間に「回れ右」の「右」を言わないとスムーズにターンができません。歩幅を見ながらタイミングを合わせるのは、とてもむずかしく、その分花形でもあります。多くの子は号令係をやりたいと言い出しました。

そこで、オーディションにしたところ、数人、声に自信のある子がそろいました。普段はあまり目立たず絵の得意な女子、カキタさん、声も性格もとってもいい応援団長のアオイさん、まじめでリーダーシップのある女子、タカザワさん、お調子者のぽっちゃり男子、ウメダくん、体の大きいカンタくんといったメンバーが立候補してきたのです。

「右に回って、最前列右へ進め」と少し長めの号令を言ってもらい、数人の教師で審査しました。実際、言わせてみると、どの子も甲乙つけがたいので、困ってしまいました。

翌日、「みんな、それぞれすごくよかった。本気だっていうことが伝わってきた。本当にタッチの差なんだけれど、カンタくんに頼むことにしました」と担当の先生が発表すると、カキタさんが泣いてしまい、みんなで慰めるという場面もありました。

立候補してきた子たちの意欲を買って、この子たちには各グループのリーダーについてもらったのです。号令係はカンタくんだけれども、さらに全体のリーダーも別の子に決めました。一人でも多くの子に活躍の場をつくるのも、特活的手法です。

カンタくんの成長

ある日の放課後、校長室のドアをバーンと開けて、カンタくんが泣きながら走り込んできました。

「おれ、もうやらない！」

「みんながおれの言うことを聞いてくれない！」

私は、何事かと思いました。

カンタくんは、この頃すでに身長が１７０cmを超えるほど。体格も大きいし、声変わりもして、勉強もできるし、リーダー格だけれど、心はまだまだ小学生です。見かけが大きいので、苦労しないでいつもリーダーの役についていたのです。

グループリーダーの６人が、後から追いかけてきて、校長室にダダッとなだれ込んできました。

「カンタ、話、聞けよ」

「みんなもやりたいと思っていることは同じなんだけど、カンタみたいなものの言い方されたら、嫌な気持ちになるって」

「カンタだけが、がんばっているんじゃない！」

と一生懸命に慰めたり、責めたり、泣いてしまったりしている子もいました。

「もう、おれやらない！」と、カンタくんは聞く耳をもちません。

私は、７人が大騒ぎになって言い合っているのを、黙って聞いていました。落ち着くまで待ち、

「どういうことがあったの」と子どもたちにたずねました。

練習していた放課後、「そこ、ちゃんとやれよ」「おまえが遅れているから、こう

なっているんだよ」とカンタくんが上から目線で指示したらしいのです。そうしたらみんなの反発をかって、みんなに否定されて投げ出しそうになったというわけです。

「みんなは結局、何がしたいの？　何のためにやっているの？　全国大会の優勝を目指しているんだよね」と言って、話を続けました。

「それぞれ嫌な気持ちはみんなにあると思うけど、少しずつがまんして、やることやった方がいいんじゃないの」と言ったら、もともと素直な子どもたちです。

「そうだ、がんばろうよ」と言い合って納得しました。カンタくんも泣き止《や》んで、もう一度校庭に戻り、そこからは私も校庭へついていって、練習を見ていました。カンタくんは、そのことで友達にかける言葉遣いを考えるなど、ずいぶん成長したのです。

学級崩壊は、こうして起きる

集団行動の演技種目の構成は、私が考えていきました。カンタくんをはじめとする数人の子たちがリーダーとなり、大会に向けて集団行動を磨いていきました。最後に

「八王子」という人文字を作ることを決めましたが、足踏みをしながらだと、なかなかうまく作れません。頭を抱えている私を見て、カンタくんは頼まれてもいないのに毎日毎日、「こうするとうまくいく」と言って、図面に書き起こしてはやり直すということをくり返し、一生懸命考えてくれました。

今でこそ、夢中で集団行動のために役に立とうとするカンタくんです。実は6年生になるまでずっと手の焼ける子でした。

体が大きくて、腕力があり、児童会には、「おれ、やる」と言って委員になるのだけれど、あまり仕事はやりたがらないという典型的なジャイアンタイプ。体格は大人、成績は悪くないけれど、心が子どもで、わがままで、やりたい放題。それでも子どもたちから認められているという、体と心のバランスが取れていない子でした。教師に反抗することで、自分の位置を高めてきたというタイプです。

カンタくんだけではなく、このような方法でクラスを壊していく子は本校に複数見られました。子どもたちは、「これをやりなさい」と命じると「嫌だ」と言って反抗します。やりたくないわけではないけど反抗するということに価値があるのです。それは発達の段階で、自分がどこまで大きくなったか、どこまで力が付いたか、「認めてもらいたい」ことの裏返しです。教師はそこをきちんとわかっていないといけません。それを大人が力で抑えようとするから、教師一人対子ども30人になり、学級崩壊につながっていくのです。

子どもは大人と背比べしながら成長する生き物だから、どこの段階で教師が叱るか、どこまで許してもらえるか、常に見ています。子どもが「こういうふうにしたら、叱られるかな」と教師にチャレンジしてきたときには、「頭からたたきつぶせ」と私は教師に指導しています。それは大声でどなったり、おどしたりするのではなく、「だめですよ」と、ピシャリと言うのです。

小さい芽のうちにバンバンバンとつぶします。教師が学級のボスでないといけません。そこで、優しい教師ぶって、「仕方がないなあ」と許してきちんと制御しなかったり、毎回言うことが揺れたりすると、子どもは迷ってしまいます。そんなところへ力の強いわんぱくな子が何人かいると、教師は倒されてしまい、そうしてクラスが壊されるのです。一度、担任をつぶすと、子どもたちはクラスの壊し方を覚えるから、毎年毎年、担任に挑戦して、クラスを壊していくようになります。教師は正義を通すことが重要です。そうすることで、正義をとなえる子どもたちに光が当たるようになります。

称賛と注目で、いい子ども、いい先生

学級をつくるには、まず子どもを認め、どういう子どもになって、どういうクラスにしていきたいかを子ども自身が決め、そのために「自分は何をするのか」を決めます。自己決定していくしかありません。そこに教師が正しい価値観を入れていきます。どの子にも認めてもらえるチャンスを用意して、自尊感情を高めていくのです。

例えば犯罪組織のリーダーも自尊感情は高いでしょう。悪い方に走っても、それはそれで主体的に実践力がついているわけです。さらにもち上げる子分がいるのですから。もちろん、それは特活のねらいではありません。

子どもたちには正しい価値観をきちんと入れたうえで、主体的な活動をさせていくようにすることが大切です。自己決定を正しい方向に向けるには、正しいこととして

認めてもらうという承認が必ず必要なわけです。

私は全校特活で運動会の全員ダンスをしていくときに、リーダー格の子どもたちに「あなたたちがこういうふうにつくったから、大人もたくさん参加してくれたのですよ」と認めてきました。外部からの評価もとれるように広報活動に取り組みました。その結果、市長も来る、テレビ局も来るとなって注目されることになったのです。

同時に「先生たちの指導でこんなに注目を浴びています」と教師たちにも認める言葉かけを続けました。すると、教師たちもますます熱心になり、協力的に動き出します。「1年生、元気で協力してくれてありがたいんだよね」とか、「担任の先生が来てくれたから、3年1組の子どもたちも体育館に踊りに来てくれた」と言うと、教師も体育館にどんどん練習に来てくれるようになりました。

子どもの意欲が続くように、教師も教室で、「あなたたちが学校を盛り上げるんだよ」と子どもを褒めていたので、子どもたちはいい気持ちになって、どんどん協力的になるわけです。

昨年まで学級崩壊をしていた教師も、その年からクラスは壊れなくなりました。もともと教師は皆、力があって子どもも思いの人たちの集団です。教師に力がないわけではなく、やり方を知らなかったのです。否定と無視をくり返すと、子どもは見事に悪い子になります。

今回の全校特活は、その反対の関わり方を続けました。称賛と注目、認められることをくり返すと見事にいい子になります。それは教師たちも同じです。褒められることと認められることをくり返すと自信が付いて、本来の力を発揮できるようになるのです。

集団行動の全国大会で優勝

集団行動では、演技をつくるのは初めてで、子どもたちだけに任せるのはむずかしいと考え、構成は私たち教師が中心になって試行錯誤しました。

「お祭りのように、やってみたらどうかな」

「天狗が出てきたら、おもしろいよ」

「子どもが子どもを持ち上げるのは、どうだろう」

「それはむずかしいでしょう」

教師同士があぁだのこうだのと言いながら、練り上げていきました。担任は授業があるから、演技を考えてばかりもいられません。そこで「ここで人間椅子(※)を入れる」とか、「交差を入れる」とか、「ここを回って、何歩で歩く」など、構成は私が中心になって練りました。

いちばんむずかしかったのは、全体が横1列になって、90度回ったり、交差したりするところ。後から思えばむずかしい技でした。もっと、簡単な技で盛り上げることができたと思いますが、最初なのでわからなかったのです。子どもが主体になるのは練習の仕方や演技を磨くことを中心にしました。

あまりにうまくいかなくて、子どもたちの心がバラバラになったことがありましたが、「グループリーダーはこういう気持ちでいると思うが、あなたたちは協力できるか」といったグループリーダーの気持ちを代弁する担任のテコ入れもあり、少しずつ子どもたちの気持ちが一つにまとまりました。どんな形に仕上がってくるのか誰もわからない中、教師たちは私を信頼してくれたと思います。

集団行動大会の直前になったら、保護者が校庭に杭を打って、全国大会と同じコー

※人間椅子：人のひざに人が次々に座る集団行動の演技の一つ

トを作ってくれたり、また、消防団の人が来て、「これを活用してください」と「回れ右」など集団行動と同じ動きのノウハウを示した消防団の本を貸してくれたりもしました。

毎日、朝練をがんばる子どもたちの姿に、これまで何に対しても協力してくれなかった保護者や地域の人が協力してくれるようになり、地域の風が柔らかく吹くようになりました。

ある日、朝練に来られない子どもの場所に私が入って、子どもと一緒に集団行動の練習をしましたが、テンポが速くてとてもついていけないのです。ただ歩いているだけなのにとてもたいへんです。これを子どもがやっている。「子どもは、練習を積み重ねたらこんなに伸びるのね」と、しみじみ思いました。

朝練や休み時間の練習、子どもの心がバラバラになるという試練などを乗り越えた甲斐あって、全国小学校集団行動発表会で優勝しました。

この年から、集団行動は本校の特色ある教育活動の一つになったのです。世の中で組体操離れが進んだときに、運動会の表現運動として注目を受けるようにもなりました。

第2章 特別活動の研究指定校として、2年後にロックオン

学校目標「役に立つ喜びを知る子」

校長2年目、思い切って弐分方小学校の教育目標を変えました。一般的に、学校教育目標を変える校長はほとんどいません。けれども、学校教育目標は、校長の教育方針の軸になるものです。校長が変わるたびに変わらないのが不思議です。さらに、本校の教育目標は長くて覚えるのがたいへんでした。教師や保護者、子どもたちに「弐分方小学校の教育目標は何か知っている?」と質問をして回ったところ、きちんと言える人がただの一人もいませんでした。誰も言えない、誰も覚えないそのような教育目標があっても、ただの飾りでしょう。だから、教育目標を変えると決めたのです。そこで、考えたのが、「役に立つ喜びを知る子」です。

これは、文部科学省初等中等教育局の前視学官、杉田《すぎた》洋《ひろし》先生が講演の中で、言われた「役に立つことを喜べる子どもに育てたい」という言葉です。「ああ、いい言葉だな」と思って、杉田先生に「この言葉を学校の教育目標にしたいけれど、いいですか」とうかがったら、「いいですよ」と快く言っていただいたので、そのまま、教育目標にしたわけです。

教育目標には教師も保護者もあまり興味がなかったので、問題もなくさらりと変わりました。変わったことに気が付いていない人も多かったのではないでしょうか。でも、変えたからには徹底的にこれを目指したいと思いました。まず、新しい教育目標を図工の先生に用紙に書いてもらって、学校中の教室に掲げたのです。

毎週月曜日の全校朝会では、子どもたちに役に立つ喜びを知ることをあらゆるエピソードで話すようにしていきました。例えば、「あいさつをすることは役に立つ。学校を明るくすることにつながるんだよ」というように、どのようなエピソードを話しても最後は役に立つことは素晴らしい、という価値につなげるようにしました。毎週、話し続けることで、その価値が子どもにも教師にも浸透していきました。

校長1年目の校内研究は、特活の準備段階としての協同学習でしたが、2年目からは「本格的に特別活動でやります」と宣言していました。私はとてもワンマンな校長です。学校を変える校長には2種類あると思います。一つは私のようなパワーリーダーシップ型、もう一つは調整リーダーシップ型。どちらがよいとか悪いとかというのではなく、自分の個性に合わせればよいのです。こうして、1年間の準備期間を終え、2年後の研究発表会に焦点を当てて、弐分方小の特活研究は始動しました。

私の絶大なる協力者・斉藤副校長

私より1年早く弐分方小に着任していた斉藤副校長は、私のやりたいことを「はい、わかりました」というだけではなく、こういう面ではリスクが大きいとか、時期が早いとか、いろいろなアドバイスをくれました。

斉藤副校長が着任したばかりのときは、夕方まで自分の仕事はできなかったと言っていました。いろいろな学級からSOSの呼び出しがかかったり、教室から飛び出した子どもを追いかけたり、保護者対応をしたりしていたからです。

それから2年間、一緒に仕事をしながら学校の立て直しをしました。私が1年目のとき、学校の中のあらゆることに「なんじゃこりゃ、なんじゃこりゃ」とびっくりするたびに、斉藤副校長が背景を説明してくれました。私が「特活やりたい」「コミュニティスクールにしたい」などいろいろ言うと、「まだちょっと早いです」「無理です。

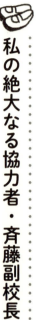

無理です」と言いながら、「ここまでなら、できます」「こうやれば、できます」と、前向きに考えてくれました。

「じゃあ、来年やるからね」と斉藤副校長に言って、予告しながら特活を始める時期を待っていましたから、教職員に対して無理矢理、特活研究の負荷をかけるというパワハラにならずにすんだのだと思います。今、考えると、1年目からバリバリ特活をやるのはかなりむずかしかったと思うので、斉藤副校長の判断は正解でした。

斉藤副校長は、私の2年目から研究がスタートできるように、「校長は特別活動で学校をつくろうと思っているから、協力していこうよ」と、教師たちに事あるごとに根回しをしてくれていたのです。地固めあっての校長の猛進なのだと彼の働きぶりに感謝しています。

管理職は一人で学校づくりをするわけではなく、校長と副校長が前輪と後輪となって協力していかないと、うまく進みません。どちらが欠けてもだめなのです。こうして、いろいろなことが少しずつ成功していきました。

斉藤副校長はとても頭の回転が速くて、仕事をバリバリこなします。その一方でとてもおちゃめで、のりもよいのです。学芸会当日の朝、私がダンボールで魔法の鏡のかぶりものを作って「今日の校長あいさつのときに、これかぶってください。各学年の見どころを（女王の）私が聞くから、（鏡の）あなたはアドリブで答えてね」と無茶ぶりをしたときも、ほんの15分くらいの間に6学年すべての見どころを担任に聞いて、かぶりものもしっかりと手直しして頭に固定していました。「校長先生のあいさつ」が大うけだったのは、斉藤副校長のおかげです。

ある日、私が「合コンやる」と言い出したら、すぐ、校内の独身教師を人選し、お店を予約し、チラシを作り、当日の段取りも決め、司会まで務めるという手際のよさでした。突然、何かをやると言ったらきかない私の願いを、どんどん叶《かな》えてくれました。

副校長には仕事が山積みです。私は自分の仕事が一段落すると、職員室にお茶を飲みに行って気分転換をします。そんなとき、斉藤副校長はいつも手を止めて話し相手をしてくれるのです。「校長先生、お仕事に飽きたのですね。少しお話をしましょう」という心の声が聞こえていました。申し訳ないので、コーヒーなど入れて、いそいそと持参したりもしましたが、迷惑以外の何ものでもないということを薄々感じてはいたのです。

私が移動教室の日をうっかり忘れたときも、バスの出発に間に合わないからと、着の身着のまま1泊2日の旅に私に代わって行ってくれました（これって、最低の校長ですね）。

そんな大切な副校長も、たった2年しか一緒に仕事をしていないのに、市の教育委員会へ異動。本人も「絶対にいや！」と言っていましたが、決定には逆らえません。

市の教育委員会から次年度異動の知らせが来た日は、たまたま学童保育所の職員との懇談会を予定していて、校長、副校長が参加することになっていました。その夜、斉藤副校長は、これまで見たことがないほどお酒を飲んだのです。翌日は当然、見たこともない青い顔色で仕事をしていました。

そして、3月31日、最後の日、私が車で帰るのを見送ってくれました。バックミラーの中に見えなくなるまでずっと直角に頭を下げている姿が忘れられません。思わず運転しながら、私は泣いてしまったのです。

学校を離れ、斉藤先生が市の教育委員会にいてくれるのは私には心強いことです。やりたいことだらけの私に作戦を考えてくれたり、うまくいくか悩んでいるときも、「常に弐分方小の応援団ですから」と声をかけてくれたりしています。未熟な校長の最初のパートナーとして最高の出会いでした。

台風みたいな、佐生秀之先生がやってきた

特活を軸にした学校づくりを支えてくれた一人が、佐生秀之《さしょうひでゆき》先生です。彼は活発な特活がやりたくて、希望して八王子市に異動し、「弐分方小で特別活動がやりたい」と、私が2年目のときにここに配属されました。

特活のことをよく知る彼には、当然のように特活部の主任を任せました。彼は着任するなり、いきなり『きまぐれ特活通信』を出して教師たちに学級で使える特活の細かいハウツーを示しました。これは私が1年目から出していた『聴耳』と同じ主旨のものです。これで一つ任せられたと私は肩の荷を下ろし、特活の指導の方法を彼の肩

に乗せました。

彼は、特活のやり方を自ら実践して周りの教師にどんどん見せてくれました。私は全校特活を見せたけれど、学級経営は見せることができません。そこを、彼は自ら体を張って見せてくれたのです。異年齢でのグループのつくり方から指導の仕方、それを実践して見せてくれました。

やるからには徹底的にということで、異年齢で毎週遊ばせましょうというのを彼が4月当初に提案してきました。学校の中のシステムに、毎週水曜日の朝、「いいなタイム」として、たてわり班で遊ぶ時間を組み込むことにも協力してくれたのです。

他の学校はドリルや読書をしているところを、弐分方小は異年齢遊びを入れました。学力向上が騒がれている中で、それは、一つの挑戦でした。

遊びを朝の時間に組み込み、そのためにどういう指導をするかを具体的に手順を追って、佐生先生が実際に一歩先に実践して見せ、他の教師が熱心に見て、自分たちが受け持っている班でも実践するということをくり返しました。勉強、実践、勉強、実践を積み重ね、教師たちはいちじるしく力が付きました。

１年生でも6年生でも、話合い活動の仕方は、基本的に同じです。学級会は全校で共通するようにと、佐生先生の授業を皆が真似ました。こうして弐分方小学校の話合い活動のやり方が全校に定着したのです。

楽しくて、意欲的な教師集団が育ってきた

各教師は、話合い活動の力を付けてきて、自分が担当した仕事でも今までどおりやるのではなく、「もっとおもしろい方法はないか」と創意工夫するようになりました。だから廊下の掲示物を見てもそれぞれの味が出て、とてもおもしろいのです。平成28年度には、夕方から自分たちで集まって勉強会を開き、意欲のある数名の教師が1時間ずつ講義をする、研修スタイルをとりました。プロジェクターを使って、「特別活動の導入」であったり、「通知表の書き方」であったり、「協同学習の進め方」であったり…。誰にも教えてもらえない、でも絶対やらねばならぬことを学び合うのです。学んだものは試してみたくなるから、クラスが変わっていきます。

さらに、弐分方小の教師はよく研修に行きます。義務ではなくても、学校から2時

間近くかかる、東京都教職員研修センターの研修をどんどん受けるようになりました。勉強することが身近なことになったのです。教師にとって研修は、授業と同じくらい重要です。

弐分方小は八王子市や文部科学省の研究指定校を引き受けるから、教師にとって校内研究をしっかり行い、研修することが当たりまえになっているのです。自分から意欲的に勉強するようになり、研修してきたら当然やってみたくなる。いろいろなところで様々な成果が見られます。例えば、教師同士で教え合う姿が職員室で見られるようになりました。教科の指導方法を学年の中で相談して、学び合い、ベテランの教師の力も生かされるなどそれぞれの教師が活躍する場所がたくさんある職員室になっています。教師たちは弐分方小で特活をしていることに対して、誇りをもつようになったと言います。そこに至るまでに特活をくり返し実践して、みんなで苦しい壁を乗り越えてきたからなのです。本校は他校よりもおそらくたくさんの負荷をかけられていますが、皆、明るく乗り越えてくれます。

佐生先生は弐分方小で自分の実践を伝えるだけではもったいないと、東京都の指導教諭になりました。今でも勢いの衰えない台風のように、東京中を飛び回っています。

エースの、佐藤眞由美先生を引き当てる

弐分方小の特活の研究で忘れてはならないのが、佐藤眞由美《さとうまゆみ》先生です。私の校長2年目、佐藤先生が弐分方小に異動してきました。平成25年度、26年度の『役に立つ喜びを知る子の育成～異年齢交流で育む、自尊感情～』の研究2年目に、前任から引き継いで研究主任になってもらいました。

「平成24年度の全国学力・学習状況調査では『自分には、良いところがあると思う』という自尊感情を調べる質問に対し、『どちらかといえば、当てはまらない』と『当てはまらない』と答えた子どもは42％。だから私が研究発表会で見せたいのは、子どもたちの自尊感情が伸びている姿なんですよ」と私が主張すると、「自尊感情こそが、子どもにとって大事なんです。そのためには、たてわり班が盛り上がらないといけないんですよ」と特活主任の佐生先生は、私の意見をさらに盛り上げます。

「そうだ、盛り上げよう」と、私自身も力がわいてくるのです。

私と佐生先生は、特活の話をするのが大好きで、こんなことをしたい、あんなこと

をしたいと特活の夢のような話をします。でも、特活話に花が咲き過ぎて前に進みません。

研究発表会の実施には、たくさんのハードルがあります。特活の実践の成果は数値では表しにくいのに、どうやって効果的な研究発表を行うか。まず20分という短い時間に発表内容をおさめこんでいかないといけません。その前には、研究冊子を作る過程もあります。研究冊子を作るにあたってはどのような章立てにするか、どこに焦点を当てるのか等々、山のような作業があります。それを話し合う会議なのに、「特活、楽しいよね」という話で盛り上がってしまう私と佐生先生です。

その話を研究主任の佐藤先生はじっと聞いていて、「では、ここの部分は8月15日までにしましょう。今の話の中ではこれとこれが大事なようですから、ここのところを中心に研究冊子は作っていきましょう。研究冊子を作るには何ページ必要なので、役員分科会に4ページずつお願いしましょう。それは8月30日までにお願いします。まず、私がたたき台を作りますから」とまとめて、背中をぐっと押してくれます。

そんなとき、私と佐生先生は、「はい、わかりました」と少し反省をしながら答えるのです。

佐藤先生がいないと研究はまとまらず、進まないといった本校の司令塔です。

佐藤先生とは、私が教諭時代に一緒に学年を2年間、組んでいました。私が5年1組。佐藤先生が5年2組。6年にも一緒にもち上がりました。

言葉数が少なくて、とてもひかえめなのですが、子どもの前に出るとバーンと花が咲いたように輝き、とても落ち着いた学級経営をする人で、私の尊敬する教師の一人です。

私にないものをすべてもっているので、素晴らしい教師だと感じていて、本校に来てくれないかなと思っていました。校長2年目の人事異動で、どんな人が来るのだろうと思っていたら、佐藤先生だったのです。そのときは自分の強運を喜びました。エースを引き当てた気分でした。

こうして、佐藤先生と佐生先生の2本柱が整ったのです。

平成25年度、26年度の異年齢交流たてわり班研究のときには、佐藤先生は4年生の担任でした。実はたてわり班での3・4年生は、居場所がむずかしいのです。1・2年生や5・6年生は立ち位置が明確ですが、3年生は、低学年の手本になりたい気持ちはあるが、どのように行動してよいかわからない。4年生は、低学年の世話や高学年の手伝いをしたい気持ちはあるが、行動に表すことに苦手意識のある子が見られます。要は「何をすればよいか、わからない」のです。

その中で、佐藤先生は3・4年生の居場所をつくりました。「お世話お助けレンジャー計画委員会」と名付け、たてわり班会議の前に、5・6年生を手伝うにはどのような仕事があるかを考える時間を設けたのです。そういうところに、子どもの意識を向けさせるベテランの知恵をもっています。

佐藤先生は、校長室に子どもを連れて来て「校長先生、お願いします」と言います。つまり「叱ってください」ということなのですが、これには2種類あって、経験の浅い教師が「私にはどうにもならないから、叱ってください」という場合と、校長に念押ししてもらうという場合があります。佐藤先生はもちろん後者のケース。子どもは佐藤先生にこんこんと叱られて、反省し、私のところに「反省しました」と懺悔《ざんげ》に来るという使い方をします。

私は、佐藤先生のクラスの子どもを何人か叱りました。校長室に来たときには、すでに反省していて、許してもらうきっかけをつくりに来たのでしょう。

私が「何をしたの？」と聞き、「あなたはどう思っているの？」「あなたはどうしたいの？」と順に聞いていきます。そして、最後に「もう、同じことをくり返したらだめだよ」と許してもらうきっかけをつくります。

何の打ち合わせもなく、ぱっと目配せし、「もう指導してありますから、よろしく。次につないでください」と、佐藤先生は目で私に語りかけます。

視野の狭い教師は、怒りに満ちた表情で来ます。しかし、佐藤先生はすでに、目の奥が笑っているのです。

「校長、指導してあるから最後のまとめをお願いします」という心の声が聞こえます。

私は言われるままに子どもの指導をするのです。まさに校長を使う裏ボスといえるでしょう。

映像の魔術師、田口敏之先生が目覚めた

私と同じ平成24年度に赴任してきたのが、図画工作の田《た》口《ぐち》敏《とし》之《ゆき》先生。多くの学校で講師を務め、うちの学校に初任としてやってきました。初年度は、図工の授業時間も言うことを聞かない子や暴れる子どもが目立ち、子どもが暴れて服が破れたせいで、落ち込んでいたこともありました。今となってはよい思い出ですが、その当時は必死でした。

絵を巧みに描き、例えば、黒板にチョークだけで流行アニメの主人公の絵を描くと、そのできばえに子どもたちが感動するのです。田口先生の絵を見たときに、「この人、何か才能をもっている人だな。図工だけを教えていてはもったいないな」と思ったのを覚えています。

校長2年目になって、特活の研究を始めるときに「特別活動は映像が大事だから、映像の勉強をしてはどうかな。視覚に訴えるあなたの力は、これから必ず役に立つよ」と田口先生に声をかけました。

「子どもが感動している」と100回言葉で伝えるより、子どもが感動して泣いている写真を1枚見せたほうがずっとわかりやすいのです。子どもが感動している気持ちは数字だけでは示しきれないところがあるので、どれほどいきいきした顔をしているのかを見せるのが、とても大事です。

たまたま、八王子市主催のプロモーションビデオづくりの研修会があり、それを見に行ったとき「これだ！」と思いました。そこに田口先生も誘って、私も受けに行ったのです。毎週土曜日、それぞれの受講者が1本のビデオ作品を作っていくという形で約10回の研修を受けました。

研修会で習ってきて、自宅で映像を編集します。ほんの短い100秒程の作品でしたが、時間もエネルギーも随分使います。作品の発表が1月。その前の冬休みは、作品づくりに全エネルギーをつぎ込みました。

田口先生はもともとこだわりの強いところがあるので、そこから、いいカメラを買い、いいレンズを買い、いいパソコンを買い、ライトを買い、マイクを買い、さらに、カメラを動かしながら撮影するためにレールのようなドリーという道具まで買ってしまいました。今では、図工室が「どこかの撮影所ですか」という風情です。青色の背景スクリーンを買ってほしいと言われたときには、さすがに断りました。

撮影したものを編集する、それを人に見せる、人が感動するというくり返しだからとても満足し、はまってしまったのです。田口先生の作品は多くの人の心を動かしました。

田口先生の最初のビデオ作品の発表は、平成26年度弐分方小学校の研究発表会のオープニングでした。たいていの研究発表会の最初は、司会者が出てきて「これから本校の研究発表会をします」といって、プレゼンテーションソフトウェア（以下、プレゼンソフト）で写して発表していくというものです。

けれど、私は「始めの言葉なしで、いきなりオープニングの映像からスタートしたい」と言って、田口先生に特活の研究のたてわり班で遊ぶ子どもの輝く笑顔や真剣に話し合う姿のビデオを作ってもらいました。

見に来ている人はびっくりして、「これは黒沢映画か？」と言ったとか言わなかったとか。それほど評判がよかったのです。

本校の中で田口先生は、唯一、たてわり班の担当をはずれ、カメラを持って、全校の子どもを撮って歩く記録写真係を勤めました。活動の様子を常にまとめて、映像にしていくという仕事を担当し、それで全校の子どもたちをよく知っています。田口先生の映像を見ると、保護者は我が子の成長に感動し、泣く方も数多く見られます。保護者は「ここまでやってくれてありがとう。弐分方の教育って、なんて素晴らしいんでしょう」となります。見る人の心をつかむ映像の魔術師あっての特活です。

田口先生のおかげで、本校の特活は保護者の信頼を揺るぎないものにしました。田口先生自身も、そこから特活にはまり始めたのです。

映像の力が、集会委員会を変えた

映像の力で、集会委員会の活動方法を変えたのも田口先生です。

田口先生が集会委員会を担当していたとき、ボディじゃんけん大会をする機会があったのです。通常は集会委員会の子がやり方を説明して、ゲームが始まります。しかし、そのとき集会委員会では、大会の前にミニ映画を見せました。誰かがさらわれ、それをみんなで助けに行き、悪魔が出てきて、じゃんけんに勝ったら、返してもらえるというストーリーです。

そのミニ映画は、事前に集会委員会が作っておきます。最初は田口先生が作っていたけれど、最近は子どもがミニ映画を作るようになりました。いいものを見せると子どもたちは真似をするのです。特活的な手法だと思います。集会委員会の子どもたちはその映画を作るのがとても楽しくて、休み時間のたびに映画を作っているのです。毎回、かつらをかぶって女装したり、お人形を使ったり、教師をゲストにしたり…。全校の子どもたちが楽しめるようにと、ストーリーを工夫していました。

集会委員会の子どもが作ったミニ映画を、全校の子どもたちが夢中で見て、その後みんながゲームを楽しむという姿に、田口先生自身子どもの成長を実感していました。

常にカメラを持って、すべての特活を見続け、その価値をわかりやすく映像の中に描き出していく。そんな彼のこだわりの強い真摯な仕事に、弐分方小の特活は支えられています。

映像の力が人の心をつかむ。

守護神、山北雅史副校長現る

前出の斉藤副校長と平成26年3月31日に涙の別れをした翌日の4月1日には、山北《やまきた》雅史《まさふみ》副校長が弐分方小にやってきました。礼儀正しくて、優しい副校長でした。彼にとって、私は3人目の校長です。

突然校長の代わりに社会科見学へ行かされるという洗礼にも耐え、さらにその後は、行事のたびに早朝、私に電話をくれるようになりました。それからはモーニングコールで無事に行事を乗り切っています。しかも、その声がとてもすてきなのです。山北副校長の放送の声も「いい声だ」と、職員の中では話題になっています。よく通るすてきな声で、研究発表会の司会を務めてくれました。

学校行事は、教師と子どもたちが主役です。でも物品調達の事務主事、環境整備の用務主事、子どもの食欲を考える給食主事も行事を一緒につくり上げるのです。その采配を振るう副校長の仕事なしで学校行事の成功はありえません。

山北副校長の専門は社会科です。教師たちの授業の相談にも乗っています。引き出しがたくさんあるので、どのような学習内容でも効果的な指導をパッと示してくれるため、隣で聞いていると私が質問したくなるほどです。自分の専門をもっているというのは管理職としての強みだと思います。

話を聞くほど、社会科は特活と共通するところがたくさんあり、例えば「よい市民を育てる」ことが目標というのも、「よりよい集団をつくっていく人を育てる」ことが目標の特活と同じです。結局、教育はすべて同じところへ集まるのです。山北副校長の社会科の話から、それがはっきりわかりました。

山北副校長は悩める保護者の相談や苦情処理がとても上手です。その巧みな技で、校長のところへ苦情が直接来ることはほとんどありません。

私としてはありがたいのですが、少しさみしくもあります。私の出番がなくなってしまったからです。そこで私が学校の外の研究会の仕事をがんばるようになると、文部科学省関連の仕事や他機関との連携などが増えて、弐分方小に特別なお客様が来ることが多くなりました。

山北副校長はそんなお客様の応対でもピカイチです。お出迎え、掲示物、控え室、資料等々、常に準備は万全、安心してお客様をお呼びできます。本校が特活の学校として海外の国家プロジェクトなどで訪日する重要な視察団をたくさん受け入れられるのも、山北副校長が心をこめたおもてなしをしてくれるので、そちらに私が気を回さずにすむからです。私はおかげで、特活のことに時間をかけられるのです。

山北副校長も3年が過ぎ、異動が近くになりました。「清水校長の下で働けないならどこでもかまいません」なんてうれしいことを言ってくれて、いつも気分よく仕事ができています。

ただ私は、私の下で働かせているつもりはありません。校長と副校長はパートナーですから対等です。助けたり助けられたりしながら、仕事をするのです。

「前の斉藤副校長といい、山北副校長といい、校長先生は本当に副校長に恵まれていますよ」と周りの教師から言われています。誰が見てもそう見えるということです。

確かに、私は弐分方小の大黒柱です。でもそれを支える土台があってこそ。縁の下の力持ちとはよく言ったものです。

たてわり班が大爆発

２年目は全校研究で特活をするということを宣言していたので、たてわり班の研究を始めました。研究主題は『役に立つ喜びを知る子の育成～異年齢交流で育む、自尊感情～』です。

たてわり班は、各学年を30班に分け、二つの班を１人の担当教員が指導します。１班は各学年２～３人ずつの約15人態勢です。

毎週水曜日、朝の15分間遊び、毎月、45分間の話合い活動をします。話合い活動は、時間割の外につくるわけですから、学校全体の大きな負担になります。１年生は、通常６時間目はないけれど、それでもつくりました。教師にも大きな負荷をかけています。やるからには徹底的にやりたいという私のわがままについてきてくれた教師には、感謝しかありません。

たてわり班は６年生がリーダーです。６年生の子どもたちには、リーダー育成のためのリーダー会議の場を作っています。この６年生の指導を、担任ではなく特活の担当教師に任せています。それは6年生の担任ばかりに負荷をかけず、学校全体で引き受け、学校の組織として支えるということなのです。

「いいなタイム」と私が勝手に名付けた水曜日の朝の時間には、鬼ごっこや大縄、ドッジボール、椅子取りゲーム、フルーツバスケットなど、校庭で、体育館で、室内で、1年生から6年生まで一緒になって遊びます。さらにこれをみんなが楽しめるように、月に1度の「話合い活動」で工夫を出し合います。『何をするかではなく、どのようにするか』。これが、特活の大きなキーワードです。

たてわり班をすすめていくと、委員会でもたてわり班を意識して活動をし始めました。例えば、集会委員会では、「たてわり班を生かした集会をしましょう」として、毎月行う集会活動でたてわり班対抗のゲームを行うようになりました。

かつて、あまり知らない子同士でもじもじとしていた交流給食も、仲良しの友達と食べる楽しい時間になりました。最後のお別れ給食会にいたっては、どの班にも「6年生とお別れするのがさみしい」と言って泣いている子がいるのです。それだけ強い心の絆ができました。

『何をするかではなく、
どのようにするか』が、
特活のキーワード。

たてわり班で、子どもた
ちに絆ができた。

みんなが楽しめるように、
話し合う。

うまくいかないから、困ったからといって投げ出すのではなく、課題に向かって何とか工夫して乗り越えていく力を付けるのが、特活の目標です。これからの社会を作っていくためには「嫌だから」「苦しいから」やめるのではなく、何とかしていかなければいけないのです。そのための「生きる力」を身に付けていくのが特活です。最大の「生きる力」は人と協力することでしょう。がまんするだけではなく、自己主張もする、人の言葉を聞き、折り合いをつける。そういう力を付けることが、今の子どもに一番大事だと思います。それを実践で学んでいくのが、特活なのです。

特活を仕組んでいく教師たちは校内研究で創意工夫をして、今の形を作り上げていきました。例えば、たてわり班の話合いは、二つの班が教室の前と後ろに分かれ、黒板を使って行いました。話合いの形について、床にそのまま座ったり、椅子に座ったり…。「床に座ると、集中が続くのではないか」「いや、床に寝ころがってしまうのではないか」「机があった方がいい」「黒板を使った方がいい」「大きな模造紙にまとめる方が、いいのではないか」など、試行錯誤をくり返したのです。

異年齢交流で、毎週遊んでいるから、子どもたち同士はとても仲良くなります。クラスの友達としか遊ばなかった子どもが、休み時間や放課後に自由にたてわり班で遊ぶようになりました。１年生と６年生が遊んでいると、２年生、３年生、４年生、５年生の子が自然に加わっていきます。

クラスでは友達と積極的にかかわろうとしない子が、実は面倒見がよかったり、クラスでは先頭に立って発表する方ではない子が、たてわり班ではリーダーになったりしていきます。子どものいろいろな面が見えてきて、今まで消極的な子が積極的に発言するようになり、自信がなかった子が胸を張って活動に参加するなど、「生きる力」を育くむうえで効果がありました。

そして、一人ひとりの自尊感情が高まるものだから、つまらないいざこざが少なくなり、クラスの雰囲気もよくなりました。

６年生はクラスの友達がそれぞれの班のリーダーとしてがんばっている姿を見ることになり、「あいつがんばってるな」と、相手を認める機会が増えてきます。実際にがんばっている姿を見れば、大人があれこれ言わなくても、お互いに尊敬するようになるのです。

たてわり班のメンバーを変えないわけ

たてわり班を作るにあたって、まず、「6年間変えません」ということを決めました。入学して入った班が15班だったら、その子は卒業するまで15班のメンバーです。卒業したら、1年生を15班に入れ、あとのメンバーは全部同じということです。これは将来に向けて様々な集団に入ってても折り合いをつけてうまくやっていく練習をする環境をつくるためです。

メンバーを1年毎に変えるかどうか、悩みに悩みました。たてわり班のメンバーを6年間変えないというのは、メリットもある代わりにデメリットもあるからです。最初にたてわり班をつくるときには、支援を必要とする子には担任を付ける配慮をしていました。しかし、2、3年経つと教師の異動があります。子どもは変わらない。この結果、たてわり班は私の予想外に教師がつくる集団ではなく、子どもがつくる集団として、学校の中で、特別な集団となっていきました。

その頃、クラスの中で友達関係がうまくいかないと、「クラス替えをしてほしい。

あの子と一緒のクラスにしないでほしい」と訴える保護者が毎年いました。どこの学校でもありますが、教師側もあの子とあの子は折り合いが悪いから今回は離そうということがあるわけです。もちろん、外側の力で人間関係の形を変えていくというのも学級を落ち着かせる一つの方法です。でも、「この子、嫌だから」「苦手だから」という理由でもうまくやっていけるトレーニングをさせたかったので、組み替えない、ずっと変わらない集団をつくりました。

また、子どもたちが自分の居場所をクラスだけではなく、たてわり班の中で見つけてくれたらいいと思っていました。その子にとって居場所になる集団をいくつもつくりたかったのです。どこにも居場所がないと学校に来られなくなりますから。

それは学級の中でもいいのですが、学級の中だと、最初に大きな失敗をすると、その子はそのイメージが固定されたまま学年を上がることがあり、６年間を通すと、立場が固まってしまい、それぞれの子どもの可能性が開きにくいのです。同世代の横の関係でも異年齢の縦の関係でも子どもの居場所を広げていくことが重要だと思いました。居場所がクラブの中でも、委員会の中でも、たてわり班の中でもいい。クラスを離れた集団に入るチャンスを、たくさん子どもに用意したかったのです。

小学校は担任がすべてです。もし担任と合わないと、その子は学校に来るのが嫌になります。たてわり班で関わる教師、クラブや委員会で関わる教師、そういう教師をどの子にも増やしたかったのです。

子どもが、「自分事」として後輩を育てる

リーダー会議は月1回。これは昼休みに開いていました。30班あるので、30人の会議となります。

リーダー会議では、6年生の子どもたちが「1年生が、話を聞けないんだよね」とか、「しっかりしなきゃいけない5年生が、遊んじゃうんだよ」とか、教師と同じような悩みを言い始めます。

たてわり班の研究をスタートして2年目、3年目に至っては、「6年生は、去年まで普通にやっていたけど、こんなに大変なことをやっていたんだ」と、新6年生が言うのです。

5年生と6年生は一緒にやっているけれど、6年生の責任の重さは5年生のときには気付きません。そのことに気付く経験も素晴らしいと思います。

4年目には、全校遠足の後のリーダー会議で、「5年生のユウトくんは自分が遊んじゃって、なかなかみんなをまとめられない。もう一人の5年生のサリナちゃんは声が小さくてみんなにはっきりものが言えない。あの二人に責任のある仕事をさせて、もっと育てないといけないと思いました。でもユウトくんとサリナちゃんは、この1年で必ず成長すると思います」と、6年生のリーダーの一人が言っていました。この言葉には感動しました。たてわり班をきちんとやってきた成果です。子どもが子どもを育てるようになります。子どもが自分事として後輩を育てる。たてわり班のそれぞれの子どもが、自分たちの集団をよりよくしていく組織に育ってきました。

たてわり班は子どもを育て、教師を育て、学校を育てました。それまであったトラブルはうそのように消え、その後の弐分方小の特活を支える研究になりました。

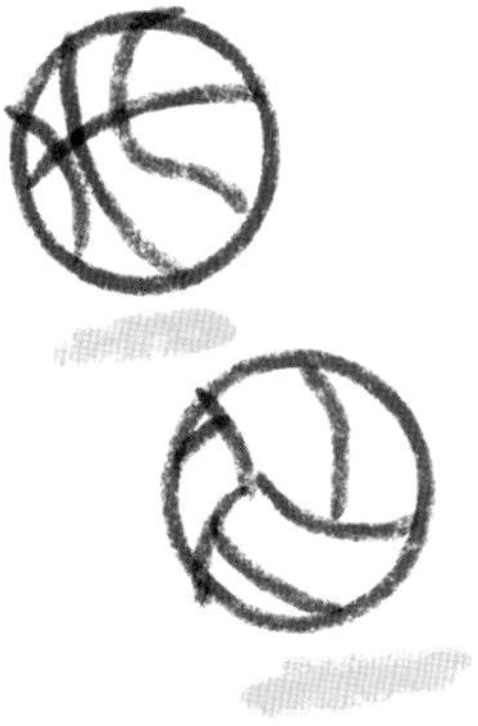

〝徹頭徹尾〟の校内研究

本校は「役に立つ喜びを知る子の育成～異年齢交流で育む、自尊感情～」という研究テーマで、平成25・26年の両年度八王子市の研究指定校に立候補するとともに、文部科学省の実践協力校にも立候補しました。研究発表会を実施するのですから、教師に大きな負荷がかかります。

しかし、大きな研究発表会の経験を主体的に積むことは、必ず大きな収穫があるのです。研究発表会の後、自分自身の成長や達成感を味わってもらいたいと思い、教師にできるだけ負担感がないように主体的に取り組める工夫をしました。例えば、経験の浅い教師が不安にならないように、流れを統一して、文書にまとめておいたり、分科会ごとに指導の方法を確認し合うなど、チームワークをとる時間を確保したりしたのです。主体的になると器が広がり、将来その教師にとって必ず役に立ちます。大切なのは、校長にやらされているという意識を払拭することです。

たてわり班会議という発達段階の異なる異年齢での話合い活動のやり方には、先行研究は少なく参考になるものがありませんでした。「異年齢活動」は方法であって、目的ではないために「異年齢活動」は研究になりにくいからです。そこで、研究推進委員会では様々な試行錯誤を重ねました。

たてわり班会議の1週間前に、佐生指導教諭が研究仮説の有効性を検証するための検証授業を行い、弐分方小の教師全員でその授業を見ました。来週は自分がたてわり班会議を指導するので、教師たちは必死でした。検証授業後の研究協議会でも質問がたくさん出され、ベテランの佐生先生の授業にさえ、ダメ出しが入ります。研究が、すべての教師にとって「自分事」になった瞬間です。

そうなると、研究は動き出します。話合い活動の方法が共有されると、学級会や委員会の指導も変わってきました。養護教諭の指田瑛恵《さしだあきえ》先生は「保健委員会で学級会みたいに話合いをさせて、活動を決めるようにしたら、おもしろい意見が出ました」と報告。音楽専科の栗原嘉子《くりはらよしこ》先生も放送委員会に話合いをさせて、子どもたちの工夫をよく引き出していました。保健室の教師や音楽専科の教師が、話合い活動の指導をする学校はあまりありません。まさにすべての教師が話合い活動を指導するようになったことが、本校の特活を変えたと思います。

さらに、よい講師を連れてくる、授業だけでなく、校内研究会の研究協議会の様子まで公開にするなど、校長のやりたい放題は止まりません。公開すると様々な人から注目されます。注目を浴びるという華やかな舞台に教師たちをのせていくのがねらいです。認められれば、さらに研究に励み、授業がもっとよくなります。すると子どもたちが変わります。子どもが変われば、教師の意識がさらに高くなっていきます。「徹頭徹尾《てっとうてつび》」。やるからには徹底的にやるという覚悟が大事です。

たてわり班で、自尊感情が育った

子どもたちが変わってきたということを、教師たちは肌で感じ始めた研究2年目。教師だけでなく、保護者からも、地域からも、あちこちで「何だか今年の弐分方小は、子どもたちが礼儀正しくなってきているね」、という声が聞こえてくるようになりました。

教師の肌感覚は、これまでの経験からするとかなり的確です。しかし、数値にしな

児童の変容

全国学力・学習状況調査より（平成 24 年度と平成 26 年度の比較）

質問１
自分には、よいところがあると思う

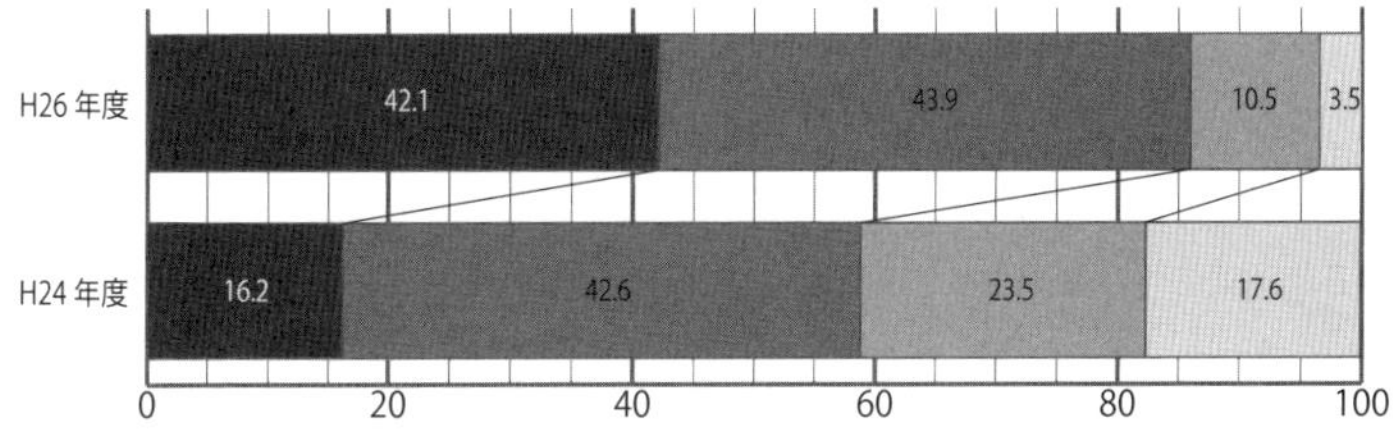

質問２
人の役に立つ人間になりたいと思う

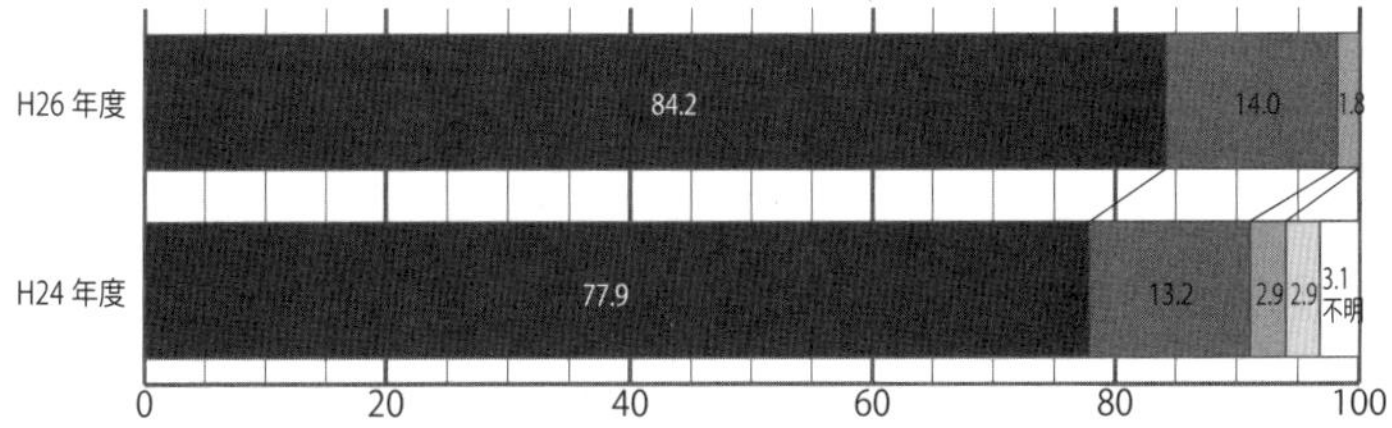

※小数点第２位以下が四捨五入されているため、100%にならない数値もある。

<全国学力・学習状況調査より>
質問１「自分には、よいところがあると思う」において、「当てはまる」と答えた子どもは平成 24 年度時点の約 16%から平成 26 年度の約 42%と 26%も上昇が見られ、「当てはまる」「どちらかといえば、当てはまる」を合わせると、86%の子どもが自分自身を価値ある存在と受け止めている。

くては研究としては説得力に欠けます。そこで、最も客観的な資料として、全国学力・学習状況調査の意識調査からデータをとりました。

そこに現れていたのは、私たち教師も驚くような結果でした。

「自分には、よいところがあると思う」という質問に「当てはまる」ときっぱり答えた子どもは、私が着任したときの6年生には、16％しかいませんでした。「当てはまらない」と答えた子どもは約18％で、肯定する子どもを上回っていました。ところが2年間の研究後「当てはまる」とした子どもは約42％、「当てはまらない」と否定した子どもは約4％になっていました。「どちらかといえば、当てはまる」という子どもを含めれば86％の子どもが、自分を肯定的に受け入れるようになっていました。

研究は、自尊感情の向上を目指していたから大成功です。そして、これには副産物がありました。自尊感情と同じくらい、規範意識が伸びているのです。学校のルールを守る、友達との約束を守るということに対しても、子どもたちの成長が見られました。

やるからには徹底的にやる、一点突破の校内研究は確かな成果をあげ、ここから、弐分方小は楽しい学校へ一直線に進みます。

第3章 すべての特別活動は、一つの根っこをもつ

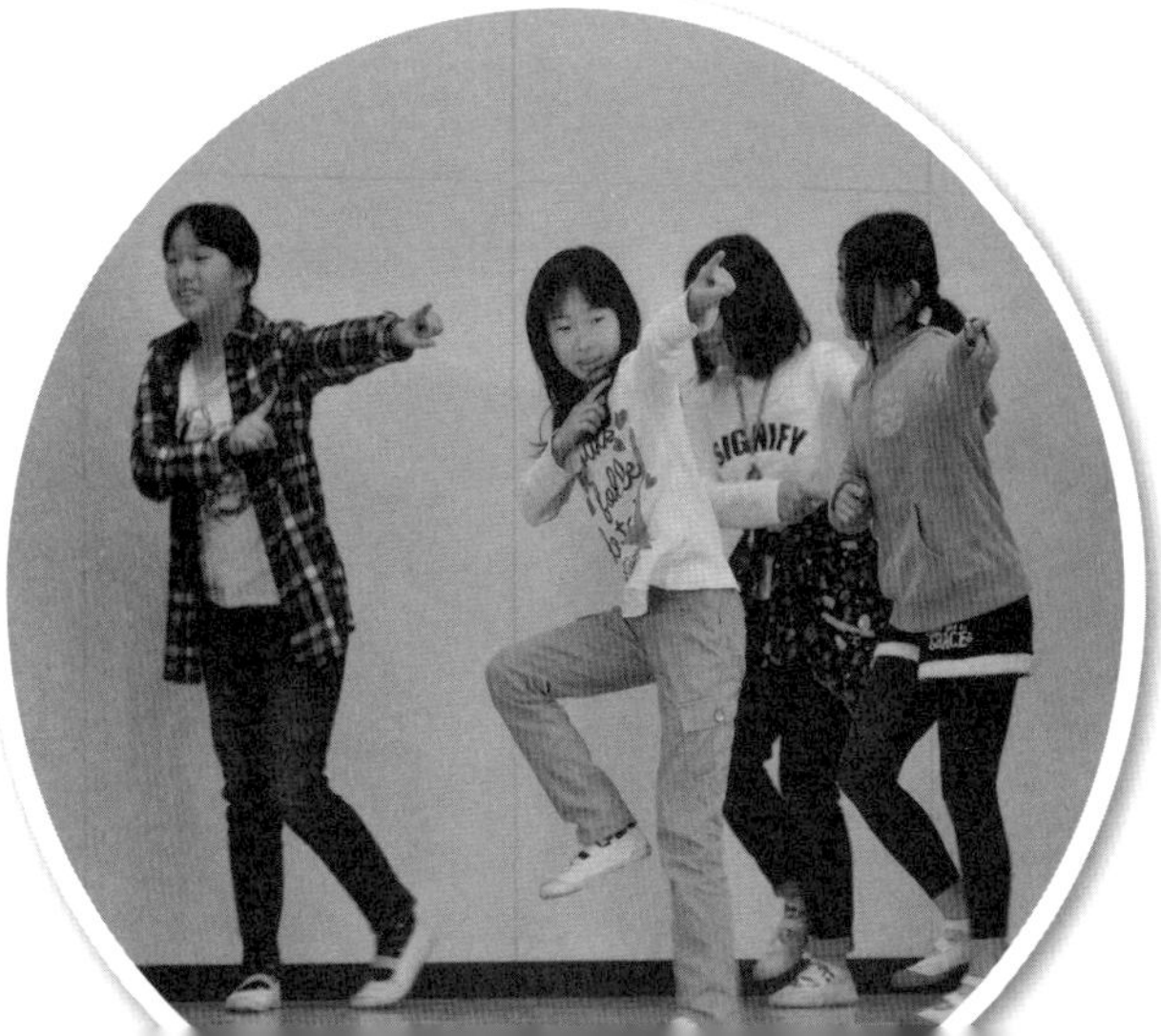

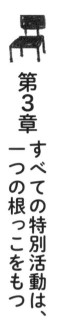

「みんなと一緒に楽しいことをする」のが、特活の軸

「楽しいことをする」のが教育活動の目的になっているのは、特活だけです。他の教育活動で「楽しむこと」を目的にしている教科領域はありません。低学年、中学年、高学年のすべてにおいて、特活はみんなと一緒に協力して楽しいことをします。意図的に楽しむのです。特活は楽しくないといけません。なので、特活を本気でやっている学校というのは、当然楽しい学校なのです。みんなと一緒に楽しいことをするということが、特活の軸です。

特別支援の専門家の話では、発達にかたよりのある子のためのトレーニングに、療育というジャンルがあり、いろいろな方法の中の一つに、「みんなと一緒に、楽しいことをする」という方法があるそうです。そのとき、子どもの脳はよい刺激を受け、発達するとのことです。それを聞いて、それは特活と同じではないかと思いました。

私は「校長として、どんな学校をつくりたいのですか？」と聞かれると、「楽しい学校です」と言います。あまりにも言葉が簡単すぎて安っぽく思われがちですが、実

は次のような意味があるのです。

特活の根っこの一つが、みんなと楽しい活動をすることです。山登りみたいな楽しさといったらよいのでしょうか。その楽しい活動とはみんなで力を合わせて、壁を越えないといけません。その苦しい壁は高ければ高いほど、達成感や感動が待っているのです。

人はチームになったときに、自分の力以上のものや潜在能力がめいっぱい出せるものです。仲間のためにがんばるとき、仲間と一緒にがんばるときに、能力が高まります。これは、教育のなせる業だと思います。

みんなと一緒に楽しいことをするときには、苦しいことも伴います。運動会も移動教室も集団行動も、準備の段階でトラブルになったり、練習が苦しかったりします。その苦しいことをみんなで乗り越えて、楽しいところに達したとき、大きな満足感を味わい、やりきった自分たちや一緒にがんばった友達の存在に気付いて感動するわけです。楽しくて、うれしくて、泣いてしまうのです。作家の故・遠藤周作《えんどうしゅうさく》さんが「苦楽《くるたの》しい」という表現を使われていますが、苦楽しいことをしているとき、人間はいきいきしています。特活は、まさに苦楽しいことをすることだと思います。それができるようになれば、ありとあらゆる困ったことを乗り越えられるのです。

学級活動というのは偶然出会った所属集団です。その中で苦楽しいことをくり返していくことで、一人ひとりの子どもに居場所がつくられてきます。一人ひとりに役立つ場所を確保し、一人ひとりその仕事をしてがんばれば、役に立ったと実感できて、学級集団がただの所属集団から、自分にとっての規範の基準となる準拠集団になってきます。自分の心の拠り所になるのです。

弐分方小では同質集団の学級集団だけでなく、異質集団のたてわり班を子どもたちに与えました。すると、新しい自分と出会って、新しいポジションができ、新しい役割ができ、新しい自分に出会えるチャンスが増えるのです。

学級活動(1)の充実は、受け入れ合う力を育てる

小学校学習指導要領における学級活動(1)の中心は、学級会です。特活の研究会でよく出る質問に、「学級会では意見を発表したときに拍手した方がいいのですか?」

「うなずきをさせたいのですけれど、どうしたらいいのですか？」などがあります。学級会で大切なことは、このような形を追いかけることではありません。

人間は、「ああ、そうだ」と思ったらうなずくし、「いいな」と思ったら拍手も出ます。多くの学校では「人の意見を聞いたらうなずきましょう」という指導を実際にしていますし、私も以前はしていました。しかし、友達を応援したいという気持ちがあれば、リアクションは自然に出るのです。それがうなずきだろうが、つぶやきだろうが、拍手だろうが何でもかまいません。リアクションをすることが大事なのです。そういうふうに自分の意見を受け入れてもらえると誰だってうれしいし、安心するでしょう。

ですから、学級会ではリアクションを入れた方が話しやすくなるということを教えます。しかし、リアクションをすることは決まりではなく、相手の話を聞いていればしたくなるものです。つまり、相手を受け止めようという人間関係をつくることが大事なのです。

「みんなのために、役に立つのかな」「クラスのために、役に立つのかな」とみんなで何かをつくり上げるという気持ちでいれば、学級会はそれほど形を追わなくてもうまくいくものです。

もちろん、話し合うべきテーマをきちんと設定することが大切です。何をして遊ぶかを決めることに力を入れないで、何のために遊ぶかをきちんと押さえ、この遊びをするためにどんな工夫をするかというところに力を入れることが、学級会では重要です。さらに、その工夫を実行するために自分はどうするか、という自己決定までが一連の学びです。その手順は最初は教師が教えていかないと、子どもたちはわかりません。

学級会では、黒板を上手に使えるようになることが、クラスの思考をまとめていくことになります。よくある質問に、「多数決で決めたらいいのですか」「多数決したらいけないんですか」があります。

一番いいのは、話合いをしているうちに黒板記録の子が、似た意見をグルーピングするなど、流れが見えるようにまとめていくことです。そして、賛成意見が多くなってくるのを見計らって、司会者が、「この意見に賛成が多いようですが、これに決めると何か問題のある人はいますか？」とみんなの意見を確かめます。

「これに決めていいですか」と聞くのは、得策ではありません。そう聞くと「イーデス」と、安易に言ってしまうからです。たった一人でも見逃すことなく、決定に参加させることが思いやりです。

「嫌な人はいますか」「何か問題のある人はいますか」「何か困ったことがありますか」と言って、「はい」という人がいると、その子の意見を聞くようにします。すると話合いがより深まっていきます。その子の課題を克服する工夫を、皆で考えるのです。

「ありません」とみんなが言ったら、「では、これに決めます」と言って司会者権限で決めるのが、意見をまとめた決定の形になるでしょう。

このように、自分の意見が通って、自分たちで何かができるというクラスづくりをすれば、意欲がわき、次につながります。なぜなら、やらされているわけではないからです。

話し合ったことは実際に行動し、その体験から思ったことを必ず振り返ります。振り返りは、言葉や文字にします。発表して誰かに聞かせたり、みんなで共有することが大事です。話す、聞く、書く、読む、意見をまとめるなどの活動が自然に頭に入り、学級活動(１)の活動は教科の学力にも自然につながります。

６年生の学級会を見に行ったとき、クラスのみんなと関わりを深くするために、スポーツ大会をしようという議題で話し合っていました。何のスポーツにするかというところで、お姉さん格のミズキさんが「サッカーがいいと思います」と言い出しました。元気な男子たちが「おお！」と反応。私は「学級スポーツ大会で、サッカーはめずらしいなあ」と思いました。ミズキさんは「お楽しみ会では、いつもサッカーは人と人とが体当たりするから、女子が怖くて楽しめないという理由でできないので、たまにはサッカーをやらせてあげたいと思います」と言うのです。クラスの他の女子からどんな反対意見が出るかと思えば、他の子もにこにこして「そうだね、たまにはいいかもね」などとつぶやいています。結局、あっさり【何をするか決める】という柱の一つ目は決まりました。そして柱の二つ目【みんなと関わりを深くするための工夫】を考え始めました。やはり女子はサッカーは怖いし、うまくできないからつまらないのは事実です。こんなときよく出てくる意見は、「サッカーの得意な男子は利き足を使わない」などがあります。

しかし、今回出てきた意見は「女子のサッカーがうまくなるように、放課後に男子がサッカー教室を開く」というものでした。思わず笑ってしまいました。放課後にクラスでサッカー教室をやれば、それだけでみんなの関係が深くなります。目的を達成するのに、当日を待つ必要もありません。特活をしっかり学んできた子どもたちの、思いやりと柔らかい発想に脱帽です。

学級活動（２）は、主体的な生き方を決める

最近注目されているのは、学級活動（２）です。問題行動を是正したいと教師が願うときに、学級活動（２）を活用することが多くなります。

例えば、教師から「給食の残菜が多いのですが、どうしたらいいでしょうか」という質問を受けたときには、「どうしたらいいか、子どもたちに考えてもらいましょう」というのが私の答えです。

細かい技術を言えば、教師がおいしそうに食べること、たくさんもりもり食べる子を褒めることなどがあげられます。褒めることによって、たくさん食べる子がよいという教師の価値観が子どもたちに伝わるからです。残すより残さない方がよいという

価値付けができてきます。残した子を注意するわけではありません。この他、先生がこまめに残ったおかずを配って回ることも残菜を減らすコツです。

いちばんやってはいけないことの一つが、「残菜0の日が10日続いたら遊ぼう」という指導です。「残菜を0にする」というクラス目標を立てるのは、NGといえるでしょう。それは、どうしても全部食べられない子がいたら、クラスの目標が達成できないのでその子が責められるというシチュエーションになってしまうからです。

そこまでは教師ができることで、子どもが自分の意志でやっていることではないので、大きな効果は出ません。

しかし、学級活動(2)の45分間を使って、このことをクラスのみんなで相談すると爆発的に残菜が減ります。

例えば、食缶やお皿に食物が残っている写真を見せて、「これは何が原因だと思う?」と聞きます。子どもは「好き嫌いするから」「おしゃべりばかりしているから」「給食の準備が遅いから、最後まで食べられない」といった原因を考えます。次に、「どうしたらいいか」という解決策を皆で考えていきます。その解決策を踏まえ、「では、あなたはどうしますか」と聞き、自己決定を促します。

　解決策を考えるときにすでに、食べ物を残さないようにしたいという暗黙の決定があり、そのために自分は何をするという自己決定があります。自分が決めたのだからその決定は自分の責任になり、「やらされている」という気持ちがないので、自分で進んで実行するようになります。自己決定を充実させて、自分が社会にどのように貢献していくかを考えさせることが重要なのです。そして、自分の行動が問題を解決していく体験を積ませます。子どもたちはその中から、主体的に生き方を決めていく力を付けていくのです。

学級会で、子どもたちが自分たちでよりよいクラスをつくっていく。

研究のテーマの学級活動(2)が、世界から注目を浴びる

平成25年度・26年度の校内研究のテーマは『役に立つ喜びを知る子の育成〜異年齢交流で育む、自尊感情の育成〜』で、大きな成果を上げました。

平成27年度・28年度は次のステップに進む段階だと考え、研究テーマを『自己を見つめ友と考え、たくましく実践する子の育成〜特別活動の指導を通して〜』にしました。

自尊感情が育ったので、それをもとに何か実際に課題に取り組む子どもたちにしたかったのです。

掃除や給食といった学級活動(2)を研究すると、世界から注目を浴びるようになりました。自分たちの生活環境を子どもたちが話し合って、主体的によりよい環境をつくっていくという取り組みは日本独自のものです。

日本の環境をきれいにする心が世界で注目されたのは、2014年、ブラジルでのサッカーワールドカップでのことです。日本対コートジボワール戦の試合終了後、日

本が負けたにもかかわらず、日本のサポーターが自分たちの応援エリアのごみを片付けて帰ったことがブラジル人を始め、世界の人々を感動させたのです。

その3年前、３・11の東日本大震災では、心も体もずたずたになった中で、日本人は暴動を起こすこともなく、じっと耐えました。がまんするだけではなく、少しでも気持ちよく生活ができるようにと何百人も詰まっている体育館の入り口の靴がきれいに並べられていたのです。それを「こんなことができる日本人はすごい」と、外国人の記者が感動して世界に発信したと聞きます。

靴がぐちゃぐちゃになっているより、きちんと並んでいた方が少しでも心が癒されると思って誰かが靴を並べたのでしょう。それは日本人が家庭の中でしつけられてきたものだと思います。

これは、小学校では学級活動(2)で育てる内容です。

学級活動(2)は「自分で責任をもって自分の行動を決める」「よりよい生活をする」「主体的な生き方を決める」など、日々の生活に直結している内容です。海外の人が本校に視察に訪れると、子ども自身が自分の使う教室や廊下を掃除することに感動してとても褒めます。

最近、エジプトやモンゴルなど外国から教育関係者が弐分方小を視察するようになりました。

「佐藤先生、明後日、海外の人がいらっしゃるのよ」と伝えると、「明後日ですか。はいわかりました」と佐藤先生は即答してくれます。そして、学級活動（2）の授業を実践してくれました。子どもがどんどん変わっていくような魔法の授業をします。

学級活動（2）の授業で、トイレのスリッパをテーマにしたときのこと。子どもは1年生です。

トイレのスリッパがぐちゃぐちゃというところに着目し、トイレのスリッパをきちんと並べる子どもたちにしようということになりました。そのとき「トイレのスリッパはきちんと並べないとだめですよ」と言うのではなく、「トイレのスリッパがぐちゃぐちゃになったときは、どうしたらいいか」を話し合わせました。

子どもたちは、なぜトイレのスリッパが乱雑にちらかるかを考えます。

「トイレをさっさとすませて、早く遊びにいきたいから」「前の人がぐちゃぐちゃだから、いいかなと思う」など、1年生なりに意見が出ます。

そして自分は何ができるのかと教師がたずねたら、「自分のスリッパは並べる」「きたないのが見えたら並べる」「あわてててトイレに行かないようにする」「友達がぐちゃっと置いたら、声をかける」という意見が出ました。

その授業が終わり、休み時間になると、子どもたちは一斉にトイレに行って、スリッパを並べ始めました。トイレのスリッパの数は限られているから、並べるスリッパがなくなったという子もいて、しばらくは、トイレのスリッパを並べるのが大流行でした。「意識付けると、即行動する」というのが特活の特徴です。学級活動（2）で決めたことは、即時即効性が出るのです。

佐藤先生の学級活動（2）の授業を弐分方小ではみんなで共有するから、どの教師も指導が上手になりました。

弐分方流「特活」の指導法を統一する

新年度になる4月当初、弐分方小では異動してきた教師に弐分方流の特活を伝える時間を必ずつくります。特活の自己流を禁止にしているからです。学校全体で取り組むためには、方法をそろえないといけません。学級活動の進め方やクラブ活動のやり方も統一しています。特活は本来、創意工夫こそが大事なのですが、私は自己流禁止にしています。

特活には教科書がないので、教師は自分の経験だけに頼りがちです。それぞれの教師が経験してきたいろいろな学校のやり方をもってくるわけです。それではうまくいったり、いかなかったりします。本校は研究してこのやり方が一番よいと考えたやり方で取り組んでいるので、自己流禁止にしたのです。

校長に着任当初、特活の教員研修は私が担当しましたが、今は赴任して3、4年目の先生が伝授しています。先日は、図工の田口先生が、クラブ活動の作り方や指導の仕方を伝えていました。本校に来て4年目の吉井《よしい》貴彦《たかひこ》先生は、委員会活動の方法を説明していました。初任から本校で3年目、4年目の人が弐分方流の特活を、他校から転任してきたベテランの先生に伝えるのです。

これには学級会の開き方やクラブ活動の進め方を教師みんなで共有し、安心してできるようにするという意図があります。教師に迷わせないことが大事です。

全校で取り組むには、研究してつくり上げた弐分方流特活を維持管理していくためのいくつかの仕掛けが必要です。それが、この４月の研修会なのです。

委員会は、皆同じねらいだと知ることが大事

委員会では活動の特色を生かし、学校にいかに貢献できるかを子どもたちに考えさせるようにしています。委員会のねらいも本校の教育目標と同じように、「役に立つ喜びを知る子」にしています。どの委員会もねらいは同じです。委員会のそれぞれの活動方法で、役に立つ喜びを知るようにすればやりがいがあります。

他校では、委員会活動は教師も子どもたちも好きではないという声を聞きます。例えば、保健委員なら、トイレットペーパーを交換する、石けんを補充するといった仕事、また、給食委員なら、献立表を貼る、配膳台をふく、食缶を運ぶという仕事になります。それも大事な仕事ですが、仕事の価値を子どもにもたせていないから、ただの作業になってしまうのです。そして、多くの教師がそのことに教育的価値を感じな

いのです。

それを行う意味がわからないまま「やりなさい」と言われてやらされているとしたら、トイレットペーパーの補充はおもしろくないでしょう。仕事に対して意味をもたせるようにし、何のためにやるのかを子どもが理解して行うことが大事です。

例えばこんなことがありました。2月頃風邪が流行るから、保健委員会は「風邪の予防方法を考えましょう」というテーマにしました。本校では、工夫こそが委員会の主目的としていますから、「元気で学校に来られるような取り組みを、保健委員会で考えよう」と投げかけます。そうすると、保健委員会の子がどのようなことができるかを、一生懸命話し合います。

保健委員会では、「外で元気に遊んで体力を付けることで、風邪をひかない体を作ろう」という方向で話合いがまとまりました。保健委員会主催の全校鬼ごっこを休み時間にするというのです。

月曜日の全校朝会で「保健委員会からのお知らせです。今日の中休みに全校鬼ごっこをします。元気に外で遊んで、寒さに負けない体をつくりましょう」と保健委員の子どもたちから、全校児童に声かけがありました。そして、中休み、全校児童約400人のうち300人以上の子どもたちが、ぞろぞろと校庭に集まってきます。朝礼台の上には6年生のナガサカくんがマイクを持って、ルールを説明しています。BGMが流れ、ゼッケンを付けた鬼の役の子どもが走り出しました。

「これって、どうやって終わるのか？」

「勝ち負けはあるのか？」

職員室から見ていた私は、1年生から6年生まで何百人もの子どもを動かすナガサカくんの采配の素晴らしさに驚いていました。

ナガサカくんは決して積極的なリーダーでもないのです。でもこうして、委員会の仕事として大きなイベントをさらりとこなしていました。

「うちの職員にしたいね」と、教師たちと笑いながら話していたものです。

子どもたちが楽しくて、なおかつ役に立つにはどんなことがあるかを自分たちで一生懸命工夫して、実行する。そういうことをどの委員会でもしています。だから、みんな役に立つ喜びを感じられるし、成果が感じられる活動になるのです。そうなるように教師が導きます。子どもに自分の委員会を通してどんな学校をつくりたいのかというねらいを必ずもち、意識付けをさせています。それは、私が教師たちに言っていることと同じです。

学級経営は学校経営と同じです。委員会やクラブ活動も含めて、特活の手法を用いているからです。「この学校を出た先生は、きっといい校長になりますよ」と、私はみんなに言っています。

委員会は継続してほしい

子どもが委員会に入ったとき、「できれば、2年間、変わらないでね」と言っています。これは多くの学校の委員会活動と正反対の発想で、委員会を前期と後期とで分け、人を入れ替える学校さえあります。本校では、委員会のねらいは学校生活の中で、役に立つことを見つけて活動することであり、どの委員会で行うかではないという考えです。極端な言い方をすれば、放送委員会だろうが、体育委員会だろうが、美化委員会だろうが、保健委員会だろうが、どこに入っていても同じです。学ぶべきことは「みんなで協力して、学校を変えていくためには自分たちに何ができるかを考え、工夫し、実践すること」なのです。

そのことを委員会で学ぶのだから、どの委員会でもよいわけです。だったら、同じ委員会でどんどん慣れ、その仕事がうまくなっていく方がよいと考えます。なおかつ、先輩後輩ができるよさがあるので、強制はしないけれど、変わらない方向に教師たちが意図的に方向付けをしてくれています。

華やかな委員会と地味な委員会があり、放送委員会や集会委員会に人気がかたよりがちですが、他の委員会に入っても、取り組み方次第でいくらでもやりがいのある委員会になることに、本校の子どもたちは気付いています。

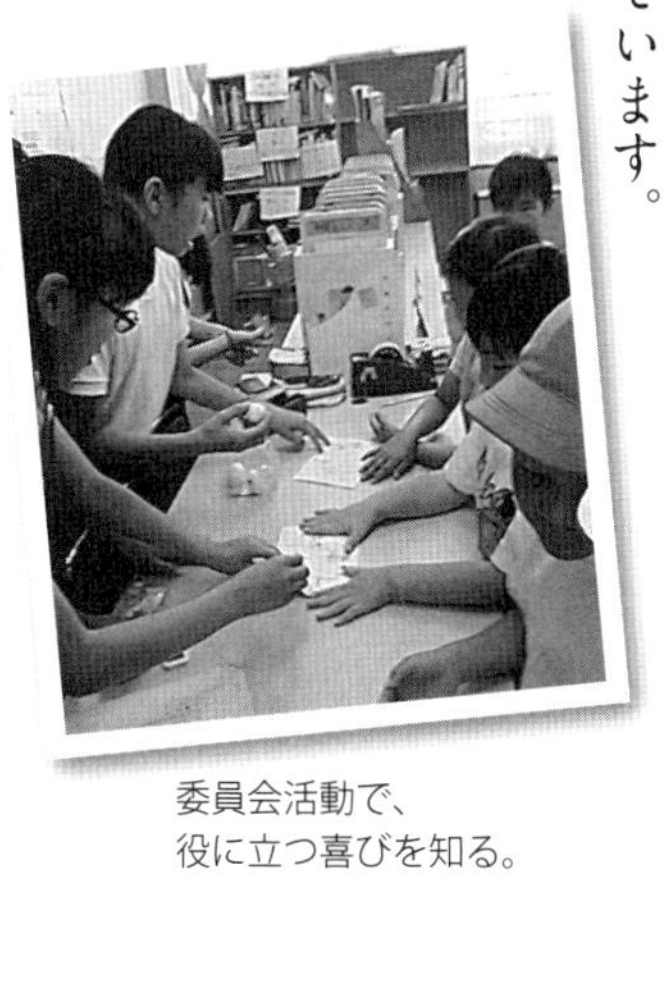

委員会活動で、
役に立つ喜びを知る。

飼育委員会が、ホースセラピーに挑戦

弐分方小の委員会活動の一つに、飼育委員会があります。飼っているのはうさぎ1羽だけなので、子どもたちにとってやりがいをあまり感じられないだろうと、私は常日頃から思っていました。

そこで馬を持っている知り合いに声をかけて、学校に馬（ポニー）を連れて来てもらうことにしたのです。馬を学校に連れて来るにあたり、東京大学農学部の教授に、馬が子どもに与える教育効果についてうかがいました。教授によると、「ホースセラピー」といって、馬に触れることで心が落ち着く心理療法があるということでした。家庭などでいろいろなことが起きている子どもたちにも、少しでも癒しが与えられたらいいと思って、馬を学校に呼ぶことにしました。

低学年の子どもには、動物に触れ合うという生活科の学習の中で、馬との触れ合いを体験させました。低学年の子どもたちだけではなく、全校の子どもに馬との触れ合いを体験してほしかったので、休み時間に、子どもたちを馬に乗せるという企画をし

たいと、飼育委員の子どもたちに投げかけたのです。

飼育委員の子どもにとって馬に触れるのははじめてのことなので、馬の飼育の仕方を教えてほしいと私のところに来ました。そこで、馬を飼っている人に、餌のやり方、ブラッシングの仕方、安全な馬との関わり方など、学校に来て教えてもらいました。

その方に、子どもを馬に乗せるためには、馬の引き綱を引く仕事、馬の糞《ふん》を拾う仕事、馬が1周してくるごとにごほうびの餌をあげる仕事、行列になった子どもたちを静かに並ばせておくという仕事、乗り方を説明する仕事など、多くの仕事があることを教えてもらいました。飼育委員会の子どもたちはグループに分かれてそれらの仕事を分担し、馬が来るたびに休み時間に活動してくれたのです。

飼育委員会の子どもたちは馬の世話をして、学校の子どもたちの役に立つということにすごくやりがいを感じ、楽しい企画になりました。

また、教室に居場所をつくりにくい特別支援の子どもたちが、馬が来たことで、とてもよい反応を示しました。馬に触っている間は落ち着いたいい表情をしていたのです。言葉を話さない馬ですが、特別支援の子どもたちと心が通じ合っているように見えました。

私は様々な特色ある教育活動に取り組んでいますが、できるだけ子どもをそこに参加させて、子ども自身が「みんなの役に立った」という実感をもつような形で進めていきたいと思っています。必ず体験を取り入れた特活的手法で実践しているのです。

飼育委員の子どもたちが、ポニーの世話を通じて役に立つ喜びを実感した。

クラブ活動は自分たちで立ち上げ、運営する

クラブ活動は4年生からですが、「3年間できるだけ続けてね」と言って、新しいクラブができるときは別にして、同じクラブを続けることを基本にしています。考え方は委員会と同じように、いろいろなクラブを少しずつ経験するよりも、一つのクラブをきちんと企画・運営するということを学ぶ方がよいからです。クラブ活動は組織づくりと運営を体験する場所です。一方、教師には「得意なところに入らないで」と言っています。教師が得意なクラブの顧問になると、指導をしたくなってしまうからです。

多くの学校は、得意な先生が顧問になっていますが、弐分方小では得意なものをはずれることが多いのです。バスケットボールクラブがない学校に理由を聞くと、「バスケットボールを指導する先生がいないから」と言われますが、それは私の考えとは異なります。

クラブ活動は、子ども自身が自分のやりたいものを自分たちで立ち上げて、自分た

ちで運営していくものなのです。教師が得意か不得意かは関係ありません。4・5・6年生と3年間同じことをすれば、きっと上手になるでしょう。先輩と後輩の関係がしっかりでき、自分の個性も確立してきます。クラブ活動も委員会活動と同じように一点突破を目指しています。

現在あるクラブを子どもたちに示し、その中から希望をとって、教師が秘密裏に次年度のクラブの所属を決めている学校もあります。子どもはどうして自分が入りたいクラブに入れなかったのかわからないまま、誰かに決められたクラブに入ることもあります。もともと、すでにあるものから選んだだけのクラブですから、部長を決めるのにも苦労したり、決まっても自覚がなかったり、高学年が育っているとはいえないクラブが多いのです。クラブ活動の日に、子どもが「先生、今日のクラブ何をするの?」と聞いてくるようなら、やらないほうがよいでしょう。クラブ活動本来の、自分の個性を伸ばすことや、自主的、実践的に活動することができているとはいえないからです。

弐分方小のクラブの作り方はとても主体的です。まず、こういうクラブを作りたいと、発起人がクラブ用掲示板に「こういうクラブを作りたいと思います」という告知をし、集会で「こんなに楽しいクラブです。みなさんどうぞ入ってください」というプレゼンテーションをし、募集をかけます。そのクラブに入りたいと思ったときには、クラブ黒板に自分の名前のカードを貼ります。それで、８人以上かつ各学年の子どもが入っているなどの条件をクリアすると、クラブとして成立します。１週間程、変更可能期間を設けます。教師は「人数が多すぎて、十分な活動ができないかも」などと、コメントをクラブ黒板に吹き出しで示します。

すべてのクラブのメンバーが見えるので、「あの子が入るなら自分も入ろう」などを決めることができます。みんなにオープンなクラブのつくり方になっています。

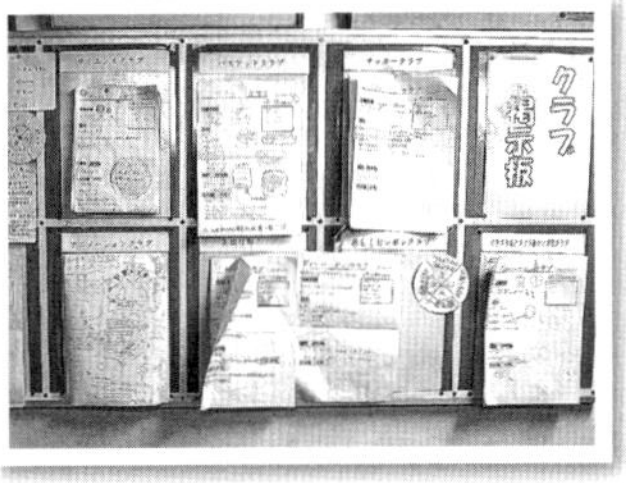

クラブ用掲示板に、
各クラブの告知をする。

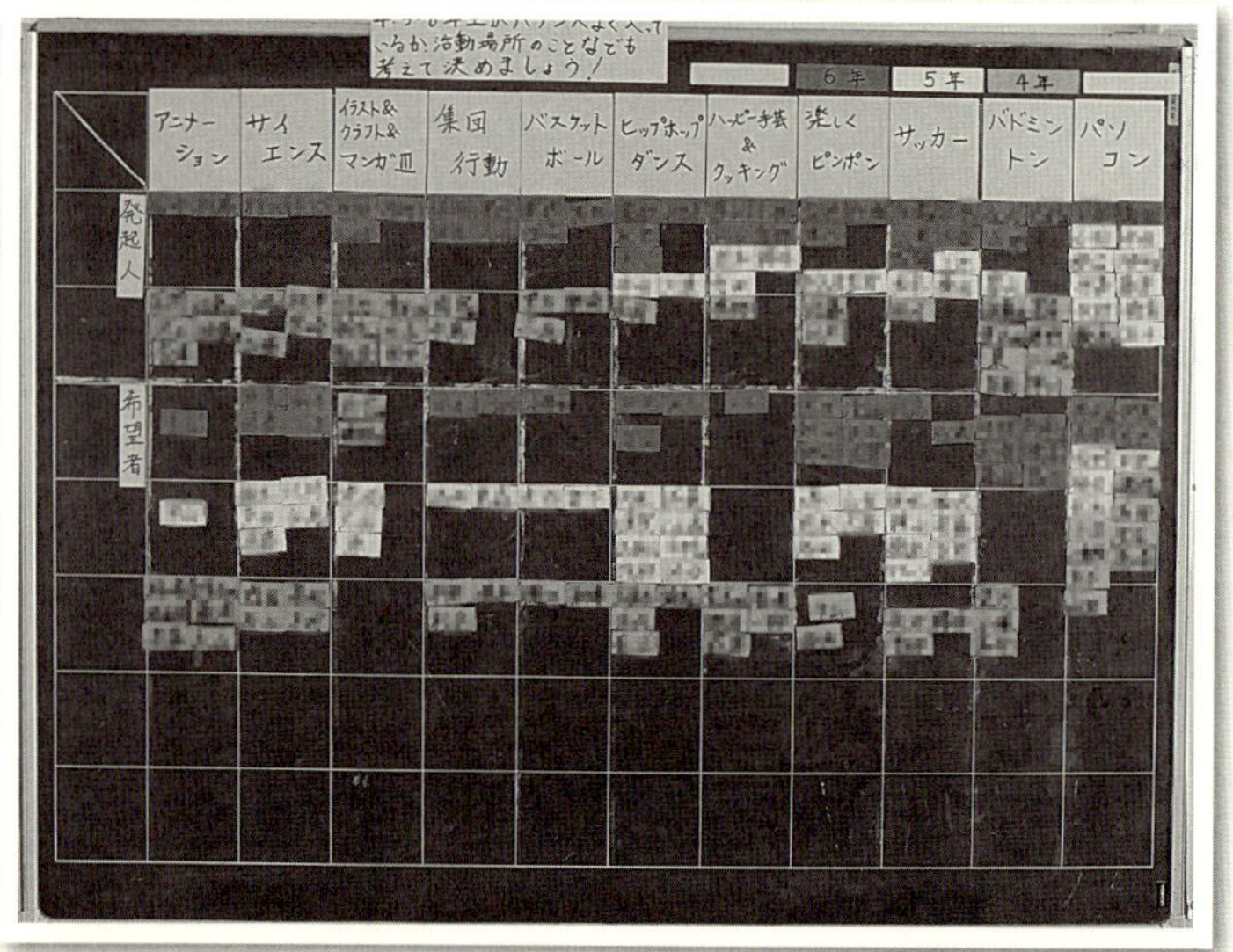

クラブ黒板でクラブのメンバーがわかり、オープンなクラブの作り方となっている。

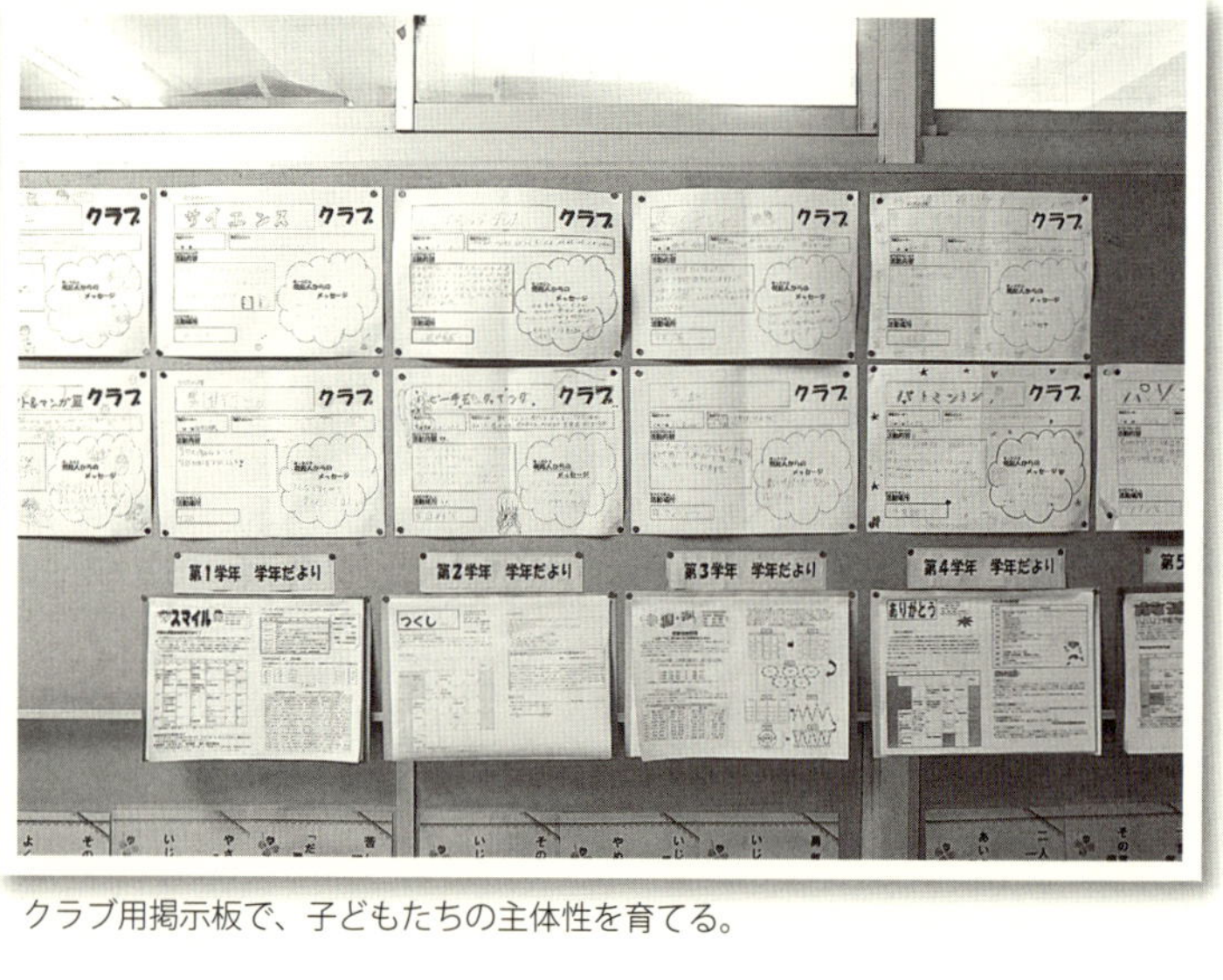

クラブ用掲示板で、子どもたちの主体性を育てる。

クラブ活動は、子ども自身がよくしていく

クラブ活動の顧問は、二人の教師が担当しています。ある日、黒板にある顧問の先生の名前と悪口が書かれていました。誰が書いたかわかりません。さらに、クラブの振り返りノートの、その教師のサインが黒く塗りつぶされていたのを、もう一人の教師が発見し、私に相談してきました。

黒く塗りつぶしたのは４年生の女子ということがわかりました。こんなとき、通常なら学級の担任に言って、学級で指導してもらうことが多いのですが、私は、そのクラブの６年生を呼んだのです。

そして、「黒板にこんなことが書いてあったのは、みんなも知っているはずですね。あなたたちは、どういうクラブをつくりたいの？」と聞きました。そうすると、６年生の子たちは「みんなで楽しいクラブをつくっていきたい」と言ったので、「楽しいクラブをつくりたいのに、黒板にこんなことを書くのはよくないでしょう。それに、４年生の○○さんが、○○先生の名前を塗りつぶしていました。６年生として注意を

してもらいたいのよ」と言ったのです。

6年生が4年生の子を呼んで、「こういうことをしたら、だめだよ」と注意しました。ところが、実は6年生の子が黒板に教師の悪口を書いているのを、4年生の子が見ていました。それで、6年生が悪口を書いているのだから、教師の名前を塗りつぶすと6年生に褒められると思ってしたのです。実際、4年生は教師の名前を黒く塗りつぶしたノートを6年生に持っていって、「こんなことやったんだ」とうれしそうに見せるという事実がありました。

もう一度6年生たちを呼んで、「4年生がこんなことをやってしまうのは、どうしてなんだろうね。ちょっと考えようか」と促した結果、4年生は6年生の真似をしており、6年生の自分たちがきちんとしないとクラブがよくならないという結論に達しました。

そして、4年生の子に、「私たちがこういうことをやっていたから、あなたもやってしまった。私たちもすごく悪かった。悪い見本を見せてしまった。私たちは反省をしているから、あなたもこれからそんなことをしないでね」ということを6年生から告げたのです。

6年生たちは自分たちの悪い行動が、まさか、4年生に影響を及ぼすとは思っていませんでした。6年生は、4・5年生のよい手本になるようにつとめ、その経験以後、そのクラブはとてもいい運営をしていくようになりました。子どもたちが自分たちで話合いをして、自己解決していくような組織になったのです。

学校行事は、自他を認め合える豊かな思い出をつくる

■学びの宝庫、移動教室

小学校の一番の思い出は、何といっても6年生の移動教室です。平成27年6月の移動教室では、栃木県の日光に行ってきました。

そのときちょっとした事件がありました。3人の子どもがルールを破って、部屋で隠れてお菓子を食べたのです。大人から見れば笑えるような出来事ですが、何をしたかではなく、「ルールを破った」ことが問題です。

移動教室の夜には、子どもたちの楽しみな肝試しを予定しています。子どもたちは二人で一緒に歩き、男女でペアを組むというふうに決めていて、しかも誰と組めるかは、教師が決めます。本番のその時までパートナーはわかりません。もし組みたい人がいたら、こっそり教師に言っておくというシステムです。「あの子と組みたい」という要望がなければ、機械的に組むことになりますが、言いに来た子はその気持ちを優先するのです。担任もそれは楽しみにしています。

人気は集中したりするので、必ず自分の思い通りになるとは限らないのですが、誰と組むかわくわくドキドキ。肝試しも楽しみだけれど、誰と組むかも楽しみなのです。

肝試しの日は、朝からその話でもちきりになるほどです。

3人がルールを破ってお菓子を食べたので、私と学級担任二人、付き添いの教師二人、養護教諭の計6人で相談して、ルールを破ったことに対しては反省をさせたいから、「『肝試しは中止です』と言いましょう」と打ち合わせをしました。

夕食の後が、待ちに待った肝試しの時間です。食後のあいさつのときに、「ところで、オオカワくんとタカミヤくんとキタガミくんは、前に出なさい」「この人たちは、ルールを破ってお菓子を食べました。移動教室を甘く見ている」と言って、担任が話し始めました。打ち合わせ通り、私は黙って聞いていて、「肝試しは中止だね」と横からぽつんと言いました。全員が「えー」という顔をして、空気が揺らぎました。

3人が叱られているときには、対岸の火事だったのが、「集団としてできていないから、肝試しは中止」という言葉で、事件が自分事になったのです。

このあと、3人は「申し訳ありませんでした」と謝りました。打ち合わせでは、「謝ったってだめだよ」と私がちょっとだめ出しをして、それでも何度も3人が謝ったうえ、教師が、「明日以降は、ちゃんとできるんだね」と確認後、中止は避けられるという筋書きができていました。

ところが、3人のうちの一人が「おれたちだけいかなきゃいいじゃないですか」と言って、素直に謝らなかったことで筋書きとは別の状況になったのです。

打ち合わせでは、そろそろ許さないといけない時間。あと15分で肝試しに出発しないといけないのに、校長がへそを曲げていて、まだ解決の道がなく、食事の片づけもできていない状態でした。

そして、私は「この3人が行かないなら、皆には肝試しをさせる」という条件を子どもたちに提案してみました。

子どもたちは、「なんとかこの3人に、やり直すチャンスをください」「ぼくたちがちゃんと面倒をみるから、一緒に行かせてください」「ものすごく反省しているから、お願いします」と口々に言います。

しかし私は「口だけでしっかりやりますと言っても、あなたたちはまとまりはしないでしょう。もう肝試しをする時間だから現実的に無理ですよ」と追い打ちをかけます。

子どもたちからは「食事の片づけを3人がやってしっかりできたら、肝試しに行かせてやってほしい。自分たちも手伝うから。みんなでまとまればできるから、やらせてください」や「友達だから一緒にやりたい」といった声が出てきました。涙ぐむ子もいて、仲間を思う気持ちや一生懸命な態度に、私は心が動かされました。

担任が気を利かせて、「みんながこう言ってくれているけど、君たちはどうなんだ」と3人に聞くと、「みんながそこまでぼくたちのためにしてくれるというなら、ぼくたちも本当にみんなに感謝しながら、片づけをがんばります」と言って、「本当にすみませんでした。もう一度チャンスをください」と3人で言ったのです。

結局、「3人が食事の片づけを時間内にできたら、肝試しを実施する」ということに決まりました。それからの子どもの集中力といったらありません。いつもは10分以上かかるのに3分ほどで、あっという間に片づけは終わったのです。

移動教室の恒例イベントになっている肝試しでは、教師がお化け役になって子どもたちを驚かせる。

この団結力をみて、私は「すごいじゃないかみんな。やればできるじゃないか」と言って声をかけ、担任が、「みんなが君たちのために支えてくれたから、肝試しができるんだよ」と言うと、3人も少し涙ぐんでいました。その数分後、日光の夜には、恐怖の叫び声が響いたのです。

ルールを破った仲間をはじき出すのは簡単です。しかし子どもたちが選んだのは、更生のチャンスを与え、仲間を見守り、自分たちで支えるというものでした。子どもたちなりに、一生懸命考えて解決策を見つけ出したのです。子どもたちには、素敵な学びになったと思います。

打ち合わせと違って、なかなか許さないへそ曲がりの校長に焦ったと後から教師たちに言われてしまいましたが、いつだって本気ですから仕方ありません。

■工夫の宝庫、運動会

運動会は、学校行事の花形です。その中でも私が一番期待するのは応援団です。応援団の良し悪しで、運動会の雰囲気が変わります。つまり応援団長が運動会の主役になるのです。応援団の指導は本当に時間がかかります。大きな声を出せと言っても、なかなか満足いく声を出さない子どもたちもいます。

けれども、弐分方小の応援団は違います。4年生から応援団に入ることができるのですが、1年生のときからあこがれている子が多く、ほぼ全員が応援団へ入るのです。応援団長は6年生全員が団長に立候補します。副団長も旗長もすべて立候補で決まり、立候補が多いとオーディションになるのです。声の大きさだけではなく、リーダーとしての責任感や、日常の生活態度（遅刻が多い、約束を守らない、宿題を忘れるなどはマイナス）などを考慮して、団員の前で、担当の教師が決めます。落ちた子が泣くのはいつものことですが、すぐに気持ちを切り替えて、自分の与えられた役で応援団を盛り上げようとしてくれます。

本校では、毎年同じ方法の応援はNGです。担当になった教師は子どもたちと一緒に新しい工夫を考えるのが苦しく、かつ楽しいのです。

平成28年はオリンピックにちなんで、「聖火リレー」を取り入れました。トラック上で聖火をリレーして、最後に受け取った応援団長二人が一緒に「点火！」と叫びます。すると校舎の2階の窓辺に上向きにして置いてある扇風機のスイッチが入り、赤いキラキラしたリボンがひらひらと立ち上がりました。その手づくり感がほほえましくて、ドッと笑いが起きました。

応援団は応援合戦では工夫を凝らしたパフォーマンスで全校児童を盛り上げ、徒競走やリレーのときは校庭の真ん中で、児童席に向かって声を出し続けます。最後の頃には、声が出なくなっています。

今年も優勝杯授与のとき、勝った紅組応援団長は「やったー」と優勝杯を掲げました。力の限りを尽くすも準優勝となった白組応援団長は、「来年はきっと優勝しろよ！」と、泣きながら自分が卒業した後の後輩への精一杯のメッセージを投げかけました。来年の運動会では、中学生として、本校の運動会をきっと見に来ることでしょう。

どの学年の担任も演技が終わると、一様に感動し、子どもたちと心を通わせています。涙する者、ハイタッチする者、抱き合う者…。校長をしていて、学級担任をうらやましく思う瞬間です。

閉会式では代表児童の男子が、話の途中で言葉を詰まらせながらも涙をぬぐい、自分たちががんばってきた思いの丈を語りました。その姿は、見ている大人の涙も誘いました。

こうして、たくさんの人の思いをつないだ感動の運動会が終わるのです。大きな壁を乗り越えて、学校中が一体になった一日でした。

もちろん、閉会式が終わると聖火の灯も消します。「鎮火!」と言うと、ひらひらしているリボンがクタッと垂れ下がり、再び温かい笑いが起こりました。

■得意を増やす文化的行事、学芸会

私が校長として着任する前までは、本校では学芸会を実施していませんでした。着任初年度の6年生の学級担任は、二人とも学芸会を経験したことがないので、指導の仕方も演出もわかりませんでした。

特に、演劇は「感情が入っていない」「セリフを言うとき、一歩前に出てしまう」「声が小さい」といった、典型的な下手な演技になっていました。

6年生は最高学年なので、劇でも何でも一番よくできないといけません。にもかかわらず、とても残念な状態でした。

学芸会の本番はまだ先だったので、今からでも間に合うと思い、学校の近くの劇団「風の子」の演出家にお願いし、演技指導にあたってもらいました。実は、私も演劇が大好きで、２年間劇団で研修した経験があるのです。そこでお世話になった劇団「風の子」の演出家に来てもらったら、まさに劇的に上手になったのです。プロというのは「すごいな」と感激しました。

子どもたちは、演技を知らなかっただけなのです。教師たちも、プロの演出家の演技指導を見て、ぐんぐん上達していきました。子どもたちは伸び伸びと楽しそうに演じるようになりました。

文化的行事を経て、子どもたちは格別に演劇が好きになり、いろいろな機会に発表するようになったのです。例えば、子ども祭りでも、演劇を企画し、クラブ発表会も、委員会発表会も、演劇仕立てにしました。

全校に、演劇好きの子が生まれてきたのです。本校では1年毎に、展覧会と学芸会が入れ替わるので、２年後の学芸会はどの学年もとても上手でした。この年も劇団「風の子」の先生に全学年を通し演技指導をしてもらったので、どの学年の子どももますます上手になったのです。(※)また、演技指導の仕方を教えてもらったので、教師も学芸会を楽しむようになりました。教師も本気で取り組んで、本気で楽しむようにならないと、行事は盛り上がりません。行事を通して学んだことは、その後の生活を

※詳しくは、教育技術 MOOK『台本選びから演技指導・演出法まで 学芸会の指導〜成功への道筋〜』を参照ください。

変える力をもっています。

■感動を呼ぶ儀式的行事、卒業式にサプライズを入れる

着任初年度に、「卒業式では、これまでの呼びかけをやめましょう」と提案しました。呼びかけというのは、教師が決めたセリフを短く分担して、一人ずつが、時系列で語るというものです。東京都では私が小学生の頃からやっています。

多くの場合、「２０１６年春。今日、私たちは卒業します」と言って始まります。「１年生、お母さんに手を引かれて入った正門。２年生、九九を覚えてうれしかった。３年生、初めて習ったリコーダー。４年生、ドキドキ始めたクラブ活動」というふうに、６年間のストーリーが続くのです。

何がつまらないかというと、教師が決めたセリフを１年生からの出来事を追いかけて言うだけだからです。このセリフなら全国どこの小学校でも当てはまってしまいます。そこには、弐分方小学校ならではの子どもたちの創意工夫が入っていないのです。

私は、「これまでの決まりきった呼びかけはやめて、子どもたちが今言いたい、６年生のことだけでいいから、焦点を絞った呼びかけを作ってほしい」と提案しました。

さらに、全員が言わなくていい。何人かの子どもにとうとうと流れるように言ってもらいたいという話をして、例えば、「伝統」や「友情」、「感謝」「努力」といった柱を立ててほしいと頼みました。

しかし、6年生の二人の担任が「校長先生、全員に言わせないわけにはいかないのです。お願いですから今までと同じにしてください」と泣きついてきました。

「では、せめて時系列に、『初めての○○』というせりふはやめて「伝統」や「友情」といった柱を立ててくれるかな」と、内容を変えるように指示しました。

6年生担任は子どもと一緒に一生懸命考えて、現在の呼びかけのベースになるものを作ってくれました。時間のない中、ゼロから作るのはたいへんだったことでしょう。

呼びかけは、6年生全員と5年生の代表が行います。5年生には5年生の呼びかけがあるのです。そこで、5年生の担任に「呼びかけのときに、何かサプライズを入れてください」とこっそり仕掛けておきました。

そうすると、5年生の担任ががんばってくれました。5年生の歌の1番と2番の間奏に、一人の子どもが席の後ろからバーッと前に走ってきて、6年生の前に立って、思いを語り始めました。

「6年生！　ぼくはあなたがたが大好きです。今日、ぼくたちは6年生の卒業式を成功させるためにがんばっています。ぼくたちの歌声はどうですか。ぼくたちの姿勢はどうですか。ぼくたちの気持ちは届いていますか。最高の6年生でした。ありがとうございました」と感極まって泣きながら大声で叫んだのです。その本気の言葉が会場の涙を誘い、とても劇的な卒業式になりました。

それ以来、５年生はサプライズを入れるのが恒例になりました。サプライズを入れるとわかっているから、もうサプライズではないのですが、毎年、担任がいろいろと考えて、感動的な卒業式が見られるようになったのです。

平成27年度卒業式の６年生は、自分たちの呼びかけの中に担任の名前を入れて、「佐生先生、大好きでした」と大きな声で叫んだのです。本番でいきなり言われるのですから、担任はたまりません。それを聞くだけで、みんなが感動して泣いてしまうのです。

こうしてこれまで他人事だった呼びかけを、子どもたちは自分事にしてくれるようになりました。

本番でセリフを具体的に言うことができる子は、セリフを変えてもよいと前もって伝えているので、例えば、「忘れない友達との思い出。移動教室では夜遅くまでおしゃべりしたよね」と言うところを、「忘れられない、レイカちゃんとの思い出。好きな子のことを話し合ったね」と、具体的な話にする子も出てきました。それは練習のときには言わないで、当日の本番のときに言うのです。

言われているレイカちゃんも「えっ、私？」と驚いて、感動して泣いてしまいます。他人事のような儀式的な行事を、自分事に変えていくということは大切だと思います。もちろん、9割方は練習通りです。

また、先生への呼びかけは、子どもの誰かの提案です。子どもたちだけで約束をし、全員でそろって言うようにしました。

そういうことを許すというのも、子どもを信じているからなのです。もしそこで、「先生なんて大嫌い、学校なんて最悪だ」と言ったら、儀式は台無しです。もちろん、何を言うかわからないことは心配ですが、子どもたちを信頼して、当日まで任せています。

「そういう楽しいこと、いいことならやってもいいよ」という雰囲気が、日ごろからあるのです。いいことなら自分たちでやっていこうという子どもたち、そういう集団に育っています。

この4年間、毎年毎年、卒業式が感動的になり、よくなってきています。5年生も6年生も、だんだんオリジナリティが出てきています。

教師に決められたセリフを言うだけの卒業式になりそうだったから、「呼びかけだけは変えてね」というところからスタートし、今は子どもたちが呼びかけをつくって、最終的には当日違うことを言う、というところまで育ってきました。子どもたちがその場に合った、心の声を堂々と言うようになっています。それを言っても誰も嫌な思いをしないという、規範の基準となる準拠集団になっているのです。

本校の卒業式に私が求めるものは、「礼節と感動」です。儀式にふさわしい「礼節」のために子どもたちの座る姿勢、立ち姿、礼の仕方を細かく指導します。間違っても将来、崩れた成人式などつくることがないように。そして、本気の感動のために、心の声を大切にし、全力で語り、歌わせます。

卒業生はもちろん、5年生の子どもたちも周りの大人も、涙に包まれる卒業式になるのです。

儀式的行事は、私が子どもたちに伝えたい「役に立つ喜び」を具現化できる、最後の高い壁です。乗り越えたとき、何が見えるのか。一人ひとりの心に残る瞬間にしたいと願っています。

たくさんの人の
思いをつなぐ運動会。

学芸会をきっかけに、
演劇好きの子が生まれた。

みんなが、感動で包まれる卒業式。

第4章 特活的手法で、学校が輝きだす

多くのチャンスを、子どもたちが生かす

教師たちは、子どもが活躍できるようにと授業を工夫するので、授業がおもしろいという子が増えてきています。また、子どもたちが発表する機会を増やすと、自然に発表力は向上します。

ある年の修了式の日に、4年生の子どもが私のところに「校長先生、チャンスをいっぱい作ってくれてありがとう」というメッセージカードを持ってきてくれました。4年生では環境について学ぶため、子どもたちが地域に向けて発表する機会を数多く設定しました。

例えば、八王子市の資源循環部とタイアップして、ダンボールコンポストや川調べに取り組んだときは、市のエコ広場で行われる環境祭りに弐分方小のブースを作って、子どもたちに発表させました。子どもたちは学習の成果を模造紙にまとめたり、劇仕立てにしたりして、いきいきと発表しました。

「発表するのはチャンスだから、がんばるんだよ」と、常日頃より伝えている上に、

担任が「校長先生が、弐分方小の子どもだけにチャンスをもってきてくれたのだよ」と話してくれているので、子どもたちは校長のおかげで自分たちは成長していると思っているのです。スクールプロモーションをして、行事で育てる。大きな発表の場を用意して、その壁を乗り越えさせていく。これこそまさに特活的な手法なのです。

八王子市の環境行政はリサイクルに力を入れているのに、ダンボールコンポストに取り組んでいる学校は少なく、普及させたがっていました。そこで私はすかさず、市とタイアップすることにしました。指導用の材料は用意してもらえるし、専門家が来てくれるので、担任も大助かり。当番の子が家から生ごみを持ってきて、ミカン箱ほどの大きさのダンボールコンポストに入れて、かき混ぜます。温度も計るので、コンポストに魚の内臓を入れると熱くなり、野菜を入れるとあまり温度が上昇しないということや、毎日、生ごみを入れているのに発酵するので溢れないという発見にもつながります。そこでできた肥料を学校の畑にまき、畑で栽培した大根を食べて、その生ごみをまたダンボールコンポストに入れるというような、環境の循環について学ぶのです。それを総合的な学習として、いろいろな機会に学校の内外に向けて発表していきます。

目標に立ち向かうから、体力が上がる

特活的な指導を体育で取り入れることで、体力面は飛躍的に向上が見られました。平成27年度は、東京都の「体力向上推進優秀校」として表彰されたのです。あまりに向上率が高いので、担当の部署から、何かおかしいのではないかという電話も入るほどでした。

全学年の男女すべての体力測定が、前年度より上回りました。クラス平均ももちろん上がっています。「東京都の小学6年生の女子なら、ここまでできるよ」と体育の教師が示したことで、目標ができ、自分たちの体力の限界までがんばることで、体力テストの数字も上昇しました。

一番顕著なのは、20mシャトルラン（往復持久走）です。これは、20m間隔で引かれた2本の線の間を合図音が鳴るまでに間に合わせるように走り、何回、走ることができたかを計測する種目です。

シャトルランでは周りの応援が力になります。もう無理だと思ったときに、「がん

ばれ！」と友達から応援されると、もうひと踏ん張りできるのです。それを全クラスでやっているのですから、平均がぐーんと上がりました。

体育の教師に「うちの学校の体力は低いから、伸ばしてほしい」と依頼すると、特活的な手法で体育の授業をもっと充実させました。全国の当該学年の体力測定の平均点や昨年度の記録を示して、自分の目標を立てさせたり、シャトルランでは周りで見ている子どもたちが精一杯の応援をしたり、上級生が励ましながら記録を計ったり…。このようにいろいろと工夫したことで、成果が上がったのです。

相手を思いやるから、いじめがなくなる

子どもたちは、特活の取り組みによって自尊感情が高まっています。毎日、満足した学校生活を送っているので、友達への思いやりも深まり、当然いじめもなくなります。

人が集まれば、どんな世界でもけんかはあります。いじめとけんかは違います。け

んかは考え方や感じ方が違うことによる人と人との摩擦ですが、いじめはいじめることを楽しんでいるのです。いじめが起きるのは、エネルギーのはけ口がない子のいる集団が多いものですが、特活で学校づくりをすれば、人の不幸を楽しむような子どもはいなくなります。それは、楽しいことがいっぱいあり、はけ口のないエネルギーは楽しいことに向けられるからです。子どもたちも認められ、どの子にも活躍する場があるという好循環になっていくのです。

役立つことを喜びにしたナガサカくん

佐生先生のクラスにはナガサカくんというおとなしい男子がいて、この子が「役立つ喜びを知る子の育成」のまさに、成功例ともいえる子どもなのです。みんなのために必要なことをじっと考え、黙って用意するような子です。

このようなことがありました。たてわり班はそれぞれ自分の班の掲示板をもっていて、伝言するメモをセロハンテープで貼るようになっています。ある日、たてわり班掲示板のすぐそばに、明らかに学校のものではない、小さいセロハンテープが置いてあり、「自由に使ってください」というメッセージが添えてありました。そこにセロハンテープがあるととても便利です。子どもたちが掲示物を持ってきていざ貼ろうとして、セロハンテープのないことに気付き、教室に取りに戻っている場面をそれまで何度か見ていました。

特活担当の佐生先生に「あそこにセロハンテープ置いたの、いい配慮だね」と私が褒めると、「あれはナガサカくんです。あの子は児童ではなく教師と同じ視線でものの事を考えられるのです。特活部の一員です」と誇らしげでした。

平成27年から八王子市が中核市に指定されるということで、平成26年は学校も盛り上がっていました。そのとき、6年生のナガサカくんは、遊びや趣味、ペット、習い事をテーマにすることが多い朝の3分間スピーチで、中核市に移行する説明と自分の感想をプレゼンソフトで述べたのです。誰に教わったでもなく、誕生日のプレゼントに買ってもらったポインターを上手に使っていました。

ナガサカくんの朝の3分間スピーチの後、佐生先生が走って来て、「校長先生、すごいから聴いてください」と絶賛するので、中休みにもう一度、ナガサカくんに3分間スピーチをしてもらいました。確かに素晴らしい。

そこで、すかさず八王子市役所に、「うちの学校の子のスピーチがすごいのです」と伝えると、市役所の人が見に来てくれました。結局、八王子市から「市民に向けての説明会が各地区で行われるから、ぜひオープニングでナガサカくんにスピーチをやってもらえないか」との要請がありました。

ナガサカくんは、大勢の市民の前で堂々と中核市のスピーチをして、この様子は市の広報誌に紹介されたのです。

5年生のとき、保健委員会に入り、教師たちはリーダーになってほしいと思っていたのに、彼は手を挙げません。先頭に立ってみんなを引っ張っていくというより、自分でみんなのためになることは何かと考え、それに向かってこつこつと準備したり、実践したりするのが好きな子でした。

卒業して、中学校に行ってからも、弐分方小の運動会、学芸会、展覧会といった行事のたびにやってきて、準備や片づけを手伝ってくれます。行事は土曜や日曜に開催することが多いので、休みを利用して来てくれるのです。私がどこに片づけていいかわからないものを、「これは放送室にしまっておきますね」と言って、さっと運んでくれました。全部、置き場を知っています。

「将来、市役所の職員になって市民のために働きたい」と、にこにこして言ってくれました。役に立つ喜びを見事に体感し実行している、弐分方小の教育目標通りに育ってくれた子どもです。

保護者と交流をする

「学校にはいつでもいらしてください。いつでもウェルカムです」と、常日頃から私は保護者に言い続けていますから、保護者がふらっと訪れて、疑問に思うことを話していくことがあります。そうすることで、トラブルが大きくなる前に解決できることもあるのです。

移動教室のときの肝試しのペアを、教師に頼めば子どもたちの希望で決められることに疑問をもったある保護者がやってきて、「去年まではペアはくじびきで決まっていたのに、何で今回からは好きな者同士で組めるようにしたのですか?」とたずねられました。

私はそれに対して、「楽しいからですよ」と答えたのです。「楽しければいいいんですか?」と保護者が言うので、私は「楽しくない方がいいんですか?」と返しました。さらに、私が「お宅のお子さんは選ばれなかったのですか?」と聞いたら、「いいえ、うちの子はちゃんと選んでもらえました」という答えが返ってきました。

ご自分の子どもが選んでもらえなくて、さみしかったという話でもなく、誰かがつらい思いをしたからそれを訴えに来たというのでもありません。

ただ、教育の場なのに好きな者同士で組むという遊び感覚はおかしいのではないかと疑問に思って、聞きにきたそうです。

「そうですか。とてもありがたい質問ですね。他の保護者もそう思っているかもしれません。いろいろな価値観があるのは当然のことです。そのうえで私たちはいろいろな条件を想定して考え、誰もが楽しく思えるように仕組んだことなのです」と説明をすると、納得されました。

こちらの考えがきちんと伝われば、その後その保護者は校長室で、楽しくおしゃべりをして帰っていきました。

「49対51でゴー」の理論で、慣例を変える

あるとき、保護者に向けて「芸能プロダクションみたいな学校をつくりたいのです」と伝えたら、「それはどうかと思います」と言われたことがありました。芸能プロダクションは、たくさんの舞台や活躍の場を用意しています。私も、子どもたち一人ひとりにスポットライトが当たって、輝くような環境をつくりたいという意味でそのように言ったのです。

しかし「芸能プロダクション」という言葉のイメージは人によって違い、子どもを商品のように扱うと思われたのかもしれません。私の言い方が説明不足で、誤解を招くことも度々あります。

私は「49対51でゴー」というのを信条にしています。49人が文句を言ってきても、よいと思っている人は文句を言いには来ません。だから、反対の数が49％だったら、あとはみんなＯＫということだと認識して、実行に移します。何も言ってこない人は賛同している人たちだろうと思うことが、図々しくてあなたらしいと笑われることもあります。

その信条で、いろいろなことを少しずつ変えていきました。

例えば、「クラス替えは2年間しません」「5・6年生では担任替えもしません」という方針を立てました。これを発表したとき、保護者から「嫌いな先生や合わない子とは、1年ならがまんができるけど」という反対意見が出ました。

しかし、これは意見が実に後ろ向きです。好きな教師や気の合う子だったら2年間一緒にいたいでしょう。

よい方はまったく考えていないのです。後ろ向きの意見で反対する保護者が2～3人、校長室にやってきて、得意の「みんなが言っている」と言うのです。けれど、学校の半分の200人の保護者が言ってきたわけではないので、「49対51でゴー」で実施しました。

運動会の決断

平成28年10月1日（土）は運動会でした。週間天気予報は微妙です。当日が近付くにつれて、予報は悪くなりました。金曜日の朝、山北副校長と鶴岡武臣《つるおかたけひと》教務主幹と小《お》畑《ばた》伸一《しんいち》運動会委員長を呼びました。そして、

「天気予報は10月1日は雨、２日は晴れです。今日のうちに明日の中止を決めようと思いますが、どうでしょうか」と話しました。

学校行事が一番大事にしているのは、子どもたちのモチベーションです。子どものモチベーションを当日にピークの状態にもってくるように、教師はいろいろと手を打ちます。今決定すれば、今日のうちに担任が子どものモチベーションを一日伸ばせるように声をかけ、日曜日に合わせることができます。保護者も準備が楽でしょう。

しかし、鶴岡教務主幹は「今はまだ、明日が雨とは言い切れません。この段階で中止を決めるのは時期尚早かと思います」と言いました。

もちろん、できるなら私も明日やりたい。そんな気持ちを後押しされて、「今日の

夕方に決めましょう」と言うと、山北副校長は「プリントを作って子どもたちに持たせる方が、情報が徹底します」と言いました。すべての家庭に確実に情報を届けたいという副校長ならではの意見に納得です。そして「それでは、今日の昼の段階で決めましょう」ということになりました。その話の間、小畑委員長はひたすらスマートフォンで天気予報を確認し、「雨はまだ大丈夫みたいですよ」と情報をくれました。

そして、昼になり、再び4人が集まりました。副校長はすでに、明日は中止通知のプリントを作成していました。全校に持たせるなら、今の段階で原稿ができていないと間に合わないからです。素晴らしい配慮です。

しかし、4人であれこれ考えているうちに昼休みは終わり、結論は出せませんでした。そこでプリントを持たせず、以前から決めていたように、明日の朝に決定するということになりました。

翌日、朝6時。携帯電話に副校長から電話が入りました。校長はまた忘れているのではないかという、これまた細かい気遣いです。さすがに学校に着いていましたが。すぐに判断会議となりました。私は朝、外に出たとき雨が降っていなかったので、

「よかった、できるなあ」と思いながら出勤しました。職員室に入るなり「今日はやれそうですね」と言ったとき、3人が「え?」という顔をしたことに私は気付きませんでした。

すでに集まっていた3人は、「降水確率午前9時から80%。明日は晴れて暑くなる」という予報で、延期だねと話し合っていたそうです。

やれそうだとは言ったものの、私は天気予報と外の空を眺めては、結論を決めかねていました。天気のことだけを考えれば、明日は晴れるのですから、明日にするのが王道でしょう。しかし、子どもたちは今日にモチベーションの焦点を合わせているのです。もちろん、雨が降っていればあきらめますが、6時の段階では降っていません。9時から降るとのことですが、昼には上がり、降水量は1ミリです。降水量1ミリは、傘がなくても歩けるくらい。何とか、今日やりたいという気持ちを捨てきれません。

どこでどんな噂が流れたのか、6時には保護者から確認の電話が入り始めました。中止だったら連絡すると知らせてありましたが、待ちきれなかったのでしょう。

「うーん」とうなっている私に、山北副校長がいつになく厳しい顔で、

「校長先生、ご決断を！」といったのです。そのとき、私には山北副校長が裃《かみしも》を着け

ているように見えました。「切腹です、腹を決めなさい！」と。

その勢いに押されて「じゃあ、やりましょう」と言ったと同時に、「やっちまった！」という後悔が生まれました。少し離れたところから強くうなずいてくれる若い教師の姿だけが、唯一の励ましになりました。

私がゴーを出した瞬間から、職員が堰《せき》を切ったようにバタバタと動き出しました。一斉メールを発信し、学校ＨＰに本日の運動会決行をアップし、保護者に伝えました。6時15分頃です。

そこからまた、保護者の電話が鳴り続けました。「どうして、決行なんだ」という内容です。保護者対応と準備に追われる小畑運動会委員長と山北副校長を見かねて、「すべての保護者対応は私がします」と電話番を買って出ました。

その後、6件の苦情電話が入りました。「どの天気予報を見ても、雨が降ると言っている。今からでも中止に変更するべきだ」「雨が降ったらどうするのですか」「途中で中止になるのに、明日も弁当を作らないとならないのですか」「連絡が遅い！　隣の学校は昨日から中止と言ってきていますよ」「何考えてんだ、お前は馬鹿か！」など、すべて匿名の電話でした。普段はそんなことにびくともしない私ですが、今回は自分の中に迷いがあったのも事実で、校長室でたった一人、そんな自分の心の声を聞かされたような電話を受けて、ちょっと泣きたくなりました。もともと、自分の判断が正しかったのか自信がなかったからです。

気分を変えるために職員室へ行くと、どんなに情けない顔をしていたのでしょうか、山北副校長が「大丈夫です、どんな結果だって、悩みに悩んで考えて決めたことです。間違っていません」と力強く声をかけてくれました。小畑委員長は「こっちの予報は、雨の降り出しが10時になりましたよ。大丈夫ですよ」と優しく話しかけてくれました。鶴岡教務主幹は、「大ばくちですね」と言って笑っていました。さらに、教育委員会で本日の運動会の実施状態を確認していたのか、元副校長の斉藤先生から「市内で最初のご英断に敬意を表します」というメールが届きました。

たくさんの人に支えられていることに、またまた目頭の熱くなる思いがしました。

教師たちが準備を進めている校庭に出たら、早くから場所取りをしに来ていたお父さんが「やってくれてよかった」とか、「このまま天気がもつといいですね」などと明るく声を掛けてくれました。それまで口から心臓が飛び出しそうだった思いが、すーっと解けていったことを忘れません。そして、苦情の電話をかけてこない４００

人以上の保護者がいることを実感しました。「そうだ、近くで響く大きな声に左右されてはいけない」。改めて、実施の決定が正しかったと確信がもてました。

結局、雨は一滴も降らず、暑くもなく寒くもない、日焼けも気にしないですむ、最高の天気に恵まれて、子どもたちはモチベーションのベストな状態で、素晴らしい演技を見せてくれました。無神経な電話をかけてきた保護者は匿名ですから、未だに誰だかわかりません。それがかえってよかったと思います。勝てば官軍です。運も実力のうちです（笑）。最後まで私を支えてくれる職員がいることが、私の勇気の源です。

教師を絶対守るという姿勢で、保護者と向き合う

私の赴任1年目は、「この担任のこのやり方がおかしい」といった保護者の苦情が絶えずありました。私には教育のプロフェッショナルである私たちが決めて実行しているという誇りがあるので、「教師を絶対守る」という気構えで保護者に向き合いました。

「担任はちゃんとやっていますす」「担任のこれは間違っていません」「これは学校で決めたことです」「方針は校長の私が決めています」と言って、教師をクレームから絶対守るというスタンスに立ちました。すると教師が安心して、めきめき力を発揮するようになりました。

「校長に叱られないように」という後ろ向きの考え方だと、失敗したら隠すという体質になりがちです。失敗しても、本当のことを言えば何とかカバーしてくれる、間違っていなかったら戦ってくれるという管理職なら、教師はすごく安心します。

「校長先生が守ってくれるから、自信がもてました。ありがとうございます」と、言ってくる教師もいました。

トラブルや苦情があったときには、保護者、担任、副校長、校長の４人で話をします。保護者は自分の子どもから聞いた話だけで苦情を言いに来校します。そこで、「お子さんはそういうふうに言ったんですね。お母さん、それ全部信じていらっしゃるの？」と聞くと、たいていは「うちの子どもが全部正しいとは言わないけれど」という答えが返ってきます。すかさず「そうなんですよ、実はね」と言って、真実を話すのです。

「子どものことは、信じることが大事ですよ」と保護者の立場も尊重しながら、教師のがんばりを伝えます。「この先生はすごくいい先生なんですよ。こういう、いいところがあります」と、教師本人の目の前でその保護者に伝えます。すると、保護者も意識が変わっていくし、教師も褒められ、自信が付いていくのです。

そのようにして、保護者が教育に関心を持つようになりました。保護者が変わると子どもが変わるし、教師が力を発揮すれば子どもが変わります。子どもを変えれば、保護者も変わってきます。

期待をして、見守って、認めることは、特活でよく使う手法です。

給食の時間は、教師との情報交換の場

私は、専科の教師たちと一緒に職員室で給食を食べることにしています。校長がするべき検食は、副校長にお願いしています。私は、講師や非常勤の教師、音楽、図工、算数、保健といった専科の教師と毎日、話しています。彼らは全校の子どもたちを

見ているから、「あの子、今日、調子悪いね」と音楽の教師が言うと、図工の教師が「そうなんですよ」と同意します。

いろいろな学校と兼任している講師は、弐分方小がいかに落ち着いているか、本校の教師以上によくわかっています。「子どもが落ち着いてきたのは、何でだろうね」「やはり特別活動じゃないかしら」「集団行動ではないかな」といった話もします。給食はそれぞれの教師が情報を分け合える貴重な時間であり、有意義な研修の時間になるのです。

私は、全校特活をするわけですから、全校の教師を巻き込んでいくという時間を給食の時間にもつくっています。全体に話す前に私が考えていることを話して、皆の反応を見ることがあります。ときには私の知っている情報が指導の背景に使えることがあるので、皆で共有することもあるのです。

給食の時間は、学校の中の情報がきめ細かくわかるのです。

給食が終わってから、話題となった子の様子を見に行きます。

子どもたちは「校長先生はどうして自分の様子を知っているの？」と不思議そうな顔をします。

週案へのコメントが、提出の原動力

教師は1週間の授業計画を毎週、校長に提出します。それを週案といいますが、その週案を通して、教師たちと手紙のやり取りをします。つまり、すべての教師に私はコメントを書くのです。さらに、学期の終わりには教師全員に手紙を書きます。励ましだったり、アドバイスだったり…。否定的なことは書きません。「もっとこういうふうにしたらいいよ」とか、うまくいかないときは「だめだよ」というのではなくて、「たいへんだよね」と寄り添うようにします。

教師たちには「教科研究をよくやってくれている」と、具体的に仕事ぶりを認めています。人間、褒め言葉は素直に受け入れるものです。だから、「月曜日に週案を出してください」といちいち言わなくても、100%出るようになるのです。

私が着任した当初は、「管理されるのがいやだ」といって週案をきちんと出さない教師もいました。しかし、「週案を見て、校長は何を書いてくれているかな」「今度は、何を褒めてくれているかな」「週案を出すと、何かうれしいよね」というふうに言ってもらえます。相手は大人ですが、とてもかわいく思えます。

私もうれしくて、どんなに仕事が重なっていても週案のコメントだけは書くことにしています。月曜の午前中は週案のコメントを一生懸命書いているので、とても忙しいのです。週案は月曜の朝までに提出する約束になっていますが、最近は金曜の放課後に提出する教師が増えています。週末は時間があるので、じっくり読めてコメントを書けます。月曜の午前中に私の出張があるときには、午後にその作業をして「夕方になってごめんね」という感じで、必ずコメントを書いて教師に返します。

コメントを書くとなると、いつも教師を見ていないといけません。日常の教室や掲示物を見て、教師自身の成長を伝えます。

一点突破型で、全体の能力が上がる

私は、教師の皆さんに「何か一つだけを、徹底的にやってちょうだい」とよく言います。これを、私は勝手に「ハンカチ文化」と呼んでいます。ハンカチの中央部分をつまんで持ち上げると、周りも持ち上がるように、何か一つ抜きんでているものがあると、その周りのことも向上するというたとえです。

国語や算数の授業が人一倍、上手な人は、学級経営も他の教科の指導もうまいものです。もちろん、特活をしっかりやっている人は学級経営も上手だし、他の教科の授業も上手です。

特活ばかり一生懸命やっていると、他の教科の力は付かないのではないかという不安をもつ人がいますが、それはありません。特活に一生懸命取り組むと、研究の仕方を覚えます。研究するということにこだわっていれば、算数や国語など教科にも対応できるのです。何を学ぶかではなくどう学ぶか、自分の技術を積み上げていく姿勢が大切です。

毎日、授業を観て、教室にも自由に入る

毎日、校舎の中を歩いて、授業を参観するのも私の校長としての日課です。

学芸会の前後には、教室に学芸会の小道具があるので、ちょいと拝借して魔女の大きな帽子や豚の仮面、河童の頭をかぶって校舎の中を巡回することもあります。大きな河童が廊下を歩いているという不思議なシチュエーションができあがるのです。廊下側の子がそれを見て、「はっ」という顔をするとき、私はいたずらっ子のようなわくわく感を感じます。私がおもしろがっているのです。授業のじゃまと言えば、確かにじゃまをしていますが。

そのうち、担任や子どもは慣れてきました。河童の頭をかぶって教室に入っても「また、校長先生がやっているな」と見透し、にこにこして平静に授業を続けるようになったのです。

変装をするのは学芸会の前後だけですが、打ち合わせなく突然、授業に入って、チームティーチングを始めることもあります。私が自由にどの教室にも入るから、教師は突発的なことに強くなります。「明日、テレビ局が来るから、授業風景を撮影させてね。よろしく！」などといつも無茶ぶりして、トレーニングしています。

佐生先生に至っては、自分が研究会の発表者だということを、東京都中に配布された案内状を見てはじめて知るということもありました。佐生先生が「ぼくが発表するんですか」と聞いてきたので、「そうよ、案内状を配っといたから」と私が明るく言います。

他の先生にも「明日、モンゴルの人があなたの教室観に来るから」と言うと、はじめは「えー、明日ですか?」と言います。でも、「だって、いつもと同じことをやっていればいいんだから大丈夫よ」と私は軽く言っています。突発的なことに対応していれば、突然何が起きてもよい対応力が身に付きます。それも意図しているのです。

愛のあるプレッシャーが、教師を育てる

私は、能力のある人には少し厳しいプレッシャーをかけ続けるようにしています。「絶対、無理だ」と言って悩むような教師には、そのようなアプローチはしません。今実践していることに、少しだけ工夫すればよいというような愛のあるプレッシャーをずっとかけてきているわけです。だから、どの教師も私の要望に応えることができ

るようになりました。

私は副校長をはじめ、教師たちを忙しくさせますが、期待されていることを意気に感じて働くというのが、本校の教師の共通点です。校長は何でも勝手に決めて仕事を押し付けてくる。これも事実です。でも別の見方をすれば、他校では経験できないことを校長がもってきて、チャンスをつくっている。これも事実です。本校の教師たちは、校長の思い付きも子どもへのチャンスと理解してくれます。学校が一つの目標に向かうことは、様々な困難を乗り越える力になります。

毎年、研究指定校として、外からの視察を受け続けていることは、教師にはプレッシャーです。けれど、そのプレッシャーこそが教師を育てているのです。テレビ局が来たり、新聞や雑誌の取材が来たり、地域から声をかけられたりすることは、子どもだけでなく、教師たちのプライドにもなっています。本校の教師たちは、まさにそれだけの実践をしているのですから。

そのプレッシャーに耐えるべく、彼らは研修会に出るのです。研究授業を引き受け、授業をしないときでも役員を引き受け、主体的に学びに関わる姿があります。プレッシャーを乗り越えたとき、人は大きく育つのです。

同じように、子どもの学習意欲を、教師たちが自らの姿勢で引き出しています。そうなりたくなる仕掛けを組む、それが特活的手法の学校づくりです。

地域は学校に期待し、協力する

特活的手法を用いて、学校行事の運動会や学芸会、卒業式を地域に開いていくので、地域の人が、弐分方小学校の子どもたちの一生懸命に取り組む姿を見て、「弐分方小の子どもが様々なことにがんばっているよ」と言ってよい噂を広めてくれるようになります。

だから、地域からの信頼も厚くなり、地域からのボランティアとしての協力者が増えてきます。

「ここでは、ボランティアはほとんど期待できません」という副校長の第一声から、5年間、特活を基本に学校づくりを進めたら、今では、多くのボランティアの方々が学校に協力してくれるようになりました。

夏休みには「わくわくサマースクール」があって、地域の人々が講師となって様々な講座を開きます。

放課後の補習教室にもボランティアの方々に指導に来ていただき、読み聞かせなどの図書ボランティアも増えました。地域と学校のつながりが密接になり、学校がどんどん活性化してきました。

地域とのつながりが強くなり、学校が活性化してきた。

学校が大好きな子どもたち

本校の全国学力テストの結果は、東京都や国の平均にはまだ及びません。けれど、学校が楽しいかという質問では、軒並み東京都や国の平均をはるかに上回る結果が出ています。まるで幸福度の高いブータン王国のようです。

国民の幸福度は157か国中53位（国連「世界幸福度報告書」）ですが、本校の子どもたちは幸せいっぱいです。もし、これが国語や算数の結果だったらどうでしょう。秋田県や福井県が学力日本一で騒がれたように、本校に日本中から注目が集まってもよいデータ（P158質問1参照）が出ています。

もともとこの地域がのんびりした気質というわけではなく、ここ数年で劇的に変わってきたものなのです。

これは紛れもなく特活の手法を教育活動のすべてに取り入れて、すべての教師が足並みそろえて子どもの指導に当たったことの結果なのです。校長が一人で漢字テストを作ったり、九九検定をやったりしても効果は上がりません。全教師が努力をしてきた集大成なのです。

弐分方小の教師には、弐分方のやり方を一人ひとり必死に学び、皆で協力して、工夫して様々な困難を乗り越えて実践してきた「弐分方魂」があるのです。

弐分方小学校の教師一人ひとりに、
「弐分方魂」がある。

平成２５年度と平成２８年度
全国学力・学習状況調査の比較

当てはまる　どちらかといえば、当てはまる　どちらかと言えば、当てはまらない　当てはまらない　無回答

質問1

学校に行くのは楽しいと思う

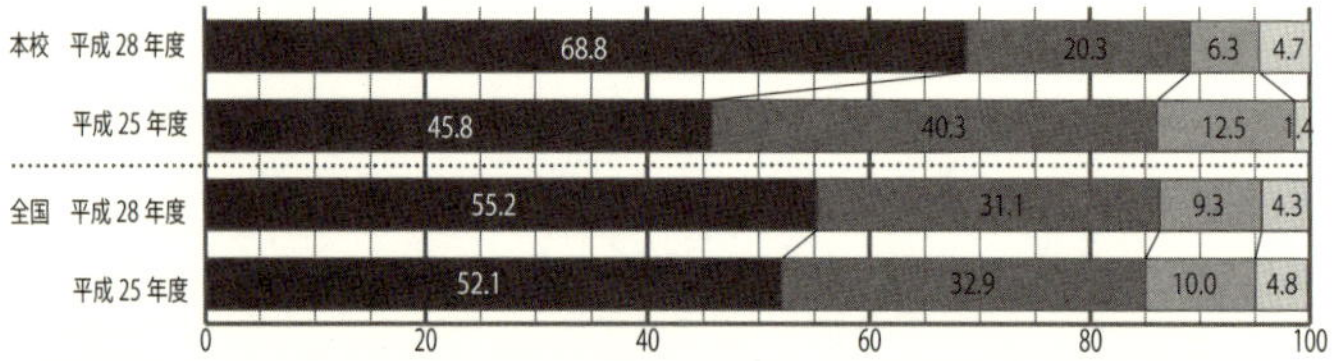

質問2

自分には、よいところがあると思う

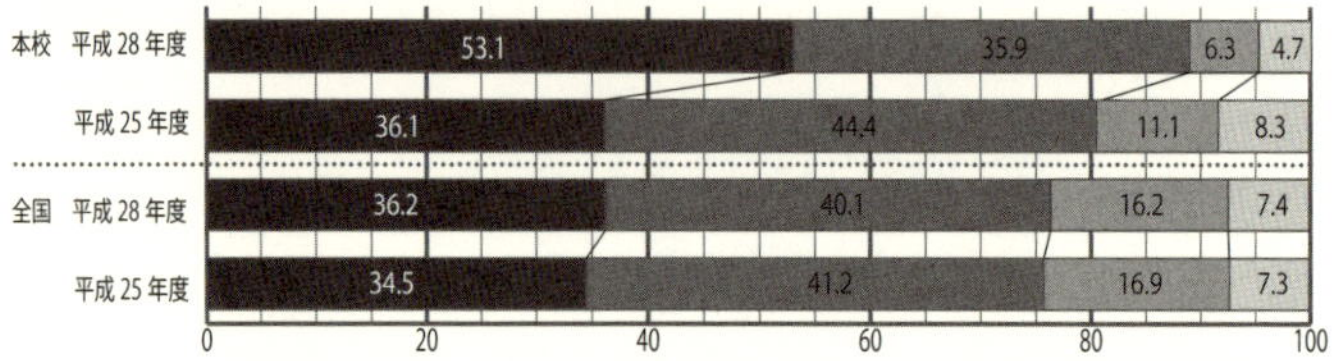

質問3

友達に会うのは楽しい

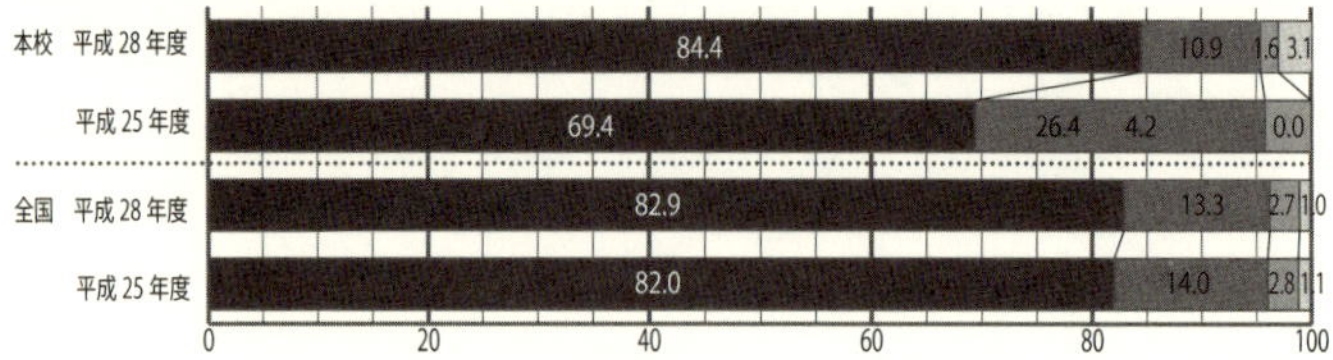

平成28年度では「学校に行くのが楽しい」とハッキリ答えている子が、68.8%。都や国の55.2%より約13ポイント高く、25年度の弐分方小よりも23ポイント上昇している。多くの子が自尊感情を高め、決まりを守り、友達と仲良く過ごしていることがわかる。

質問４

人の役に立つ人間になりたいと思う

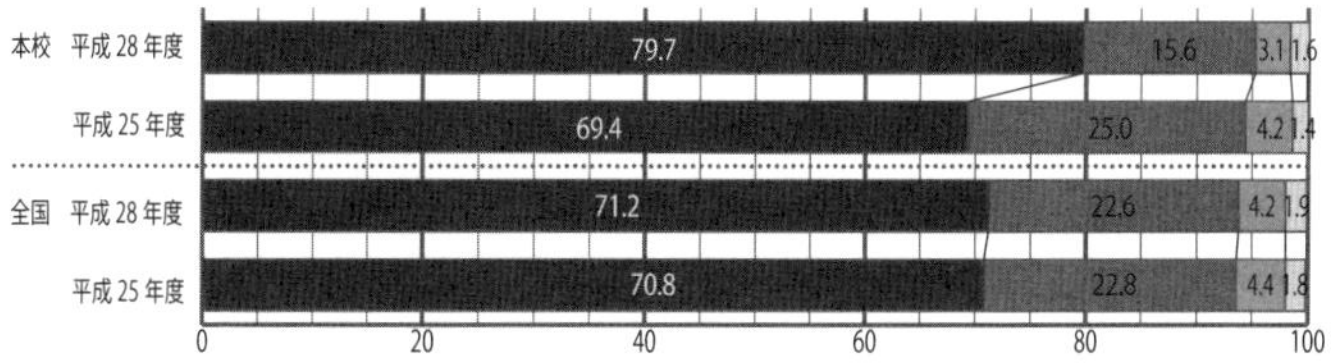

質問５

学校のきまりを守っている

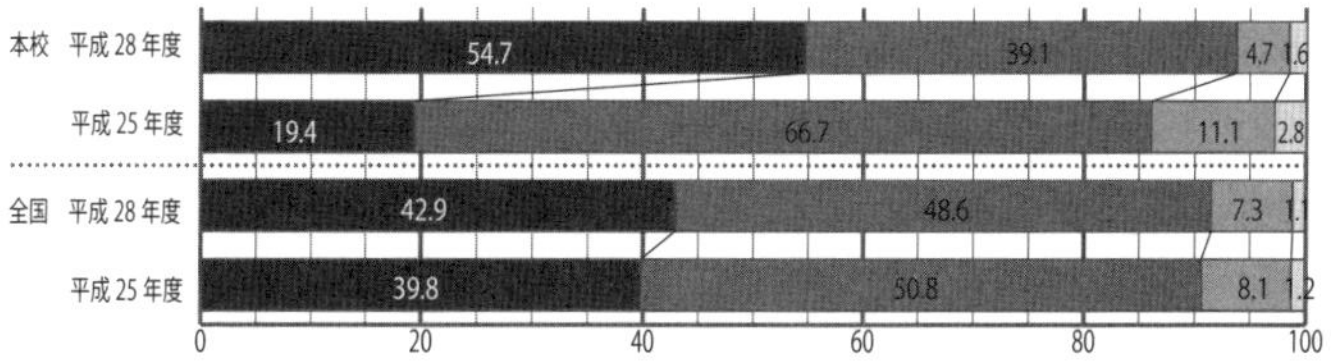

質問６

いじめは、どんな理由があってもいけないことだと思う

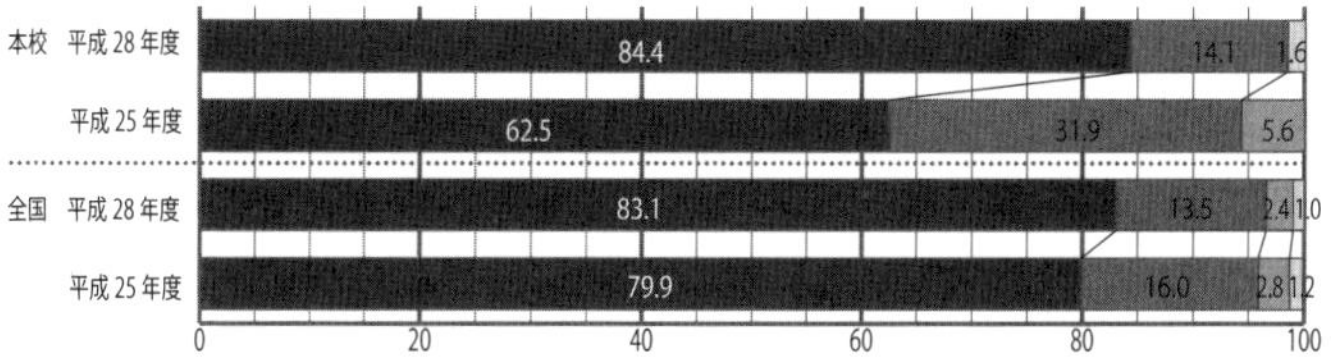

※全国は公立。
※小数点第２位以下が四捨五入されているため、100%にならない数値もある。

あるとき、6年生が弐分方小のいいところを紹介するパンフレットを作りました。異年齢交流活動、クラブ活動、委員会活動、学級会など特活がたくさんあがります。そして、担任の先生。どのクラスの子も担任が大好きです。

子どもはどんな教師が好きになるのかというと、「自分のことを認めてくれる先生」です。子どもも同士、教師と子どもなどいろいろな組み合わせで、それぞれのよさを認めて受け入れるのは、特活でできることです。

何よりも子どもたちが「学校が楽しい」と言えるのは、私たち教師の幸せでもあります。教師も子どもも、弐分方小学校が大好きです。

第5章 弐分方小のTOKKATSU、世界へ飛び出す

モンゴル国教育視察団が訪問

特活で学校づくりをして、子どもたちも教師も保護者も地域も成長していきました。

そのようなとき、文部科学省初等中等教育局視学官（当時）の杉田洋先生から、「特別活動」「日本型教育」のモデル校として、海外の教育視察団の訪問を受け入れてほしいとの要請がありました。何だかわからないけれど、お世話になっている杉田先生の依頼だし、何より「これはおもしろそうなことになるぞ」というアンテナが、私の中に立ちました。

最初に海外から教育視察団が訪れたのは平成27年6月、モンゴルの国家プロジェクトでした。

モンゴル国は現在、教育改革を進めており、世界の国々の教育を調査した結果、日本型教育を導入するという考えに至り、日本に教育視察団が送られてきたというわけです。その現場の受け入れ先が、弐分方小学校になったのです。

モンゴルからは、1回に12〜13人、5日間にわたって60人を超える人が訪れました。

教育関係の大臣をはじめ、最後には、小中学校の校長や教師も来校しました。

彼らは弐分方小で学級会の授業や総合的な学習の時間、算数、理科、体育、音楽の授業を見学しました。私は特活についてプレゼンテーションを行い、彼らは特活の価値や運営の仕方などを熱心に聞いていきました。

モンゴルでは子どもたちが主体的に活動することはあまりなく、教師が教えることが中心だそうです。ですから、子どもが考えて、どんどん発言することに驚いていました。子どもたちが発言するとき、手を挙げて、きちんと立って発言してまた座るという行動や、１年生がきちんと座って、ノートをとって静かにしている姿についても素晴らしいことだと言っていました。

また、手を洗う順番を並んで待つ、チャイムの合図で休み時間が終わって、始業時間前に教室に戻ってくる、靴のかかとをきちんとそろえて下駄箱に入れるなど、きちんとルールが守られていることに対し、感動していました。さらに、子どもたち自身が発案して作ったポスターで、自分たちの生活をよくしようとしていることに驚いていました。

日本には、子どもたちに日直があり、その日の号令や朝の会の司会など、小さなリーダーの活動を順番に務めたり、掃除当番があって、何班は廊下、何班は教室、というように分担して行っていることなどにも関心をもっていました。モンゴルでは掃除をするのは清掃員の仕事になっているそうです。

日本の小学校では、日常的で当たり前のことばかりに感動していました。

特活に関しては、「5・6年生の委員会は、自分の好きなところに入るのですか」という質問に、「そうですよ」と答えると、「でも人気が集中しないですか」とさらに質問がありました。「委員会はみんなのために働く方法を学ぶところだから、どこでやってもみんなのために役立つことが目的として達成されればよいのです。入る委員会でトラブルは起きません」と説明しました。

それが、日本の特活の醍醐味です。委員会は自分が何をしたいかではなく、学校のために何ができるかという考え方だからです。「人のために何ができるか考えることを、小学校1年生のときから育てているのです」という話をすると、驚かれました。

勉強以外のことを育てるという発想そのものが、モンゴルではあまりないのだそうです。

日本の特活について私が話すと、モンゴルの通訳の人がそれを伝えてくれます。モンゴルの視察団のメンバーは5日間代わるがわる訪れますが、通訳の人だけは同じです。彼女は私の話を5回聞いたので、最終的には彼女が日本の特活のことを一番わかったようです。

「清水先生、感動しました。特別活動は素晴らしい」と帰っていったので、私は「あなたがモンゴルの特別活動を作りなさい」と言って見送りました。

授業に真剣に取り組む姿を視察。

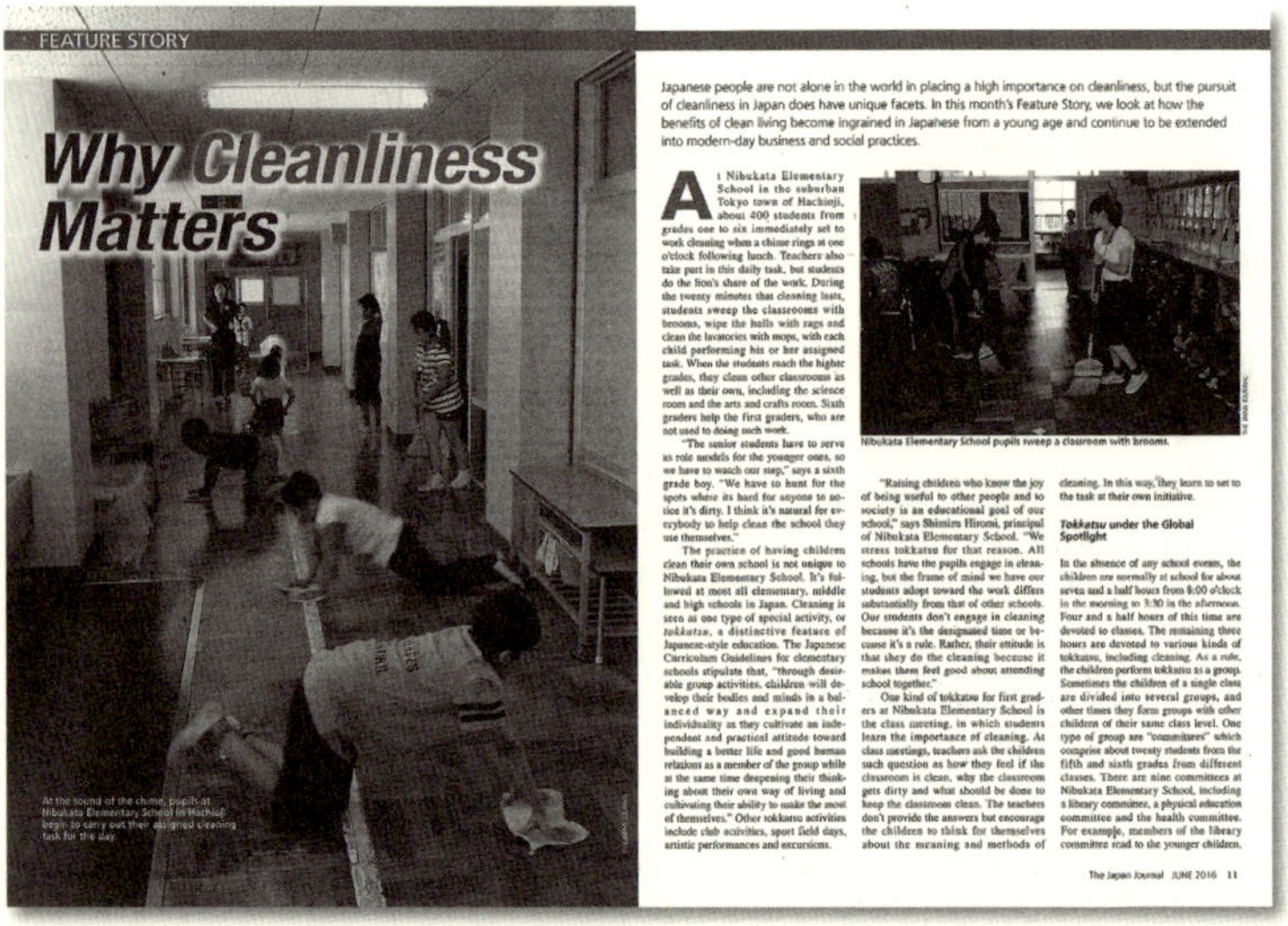

FEATURE STORY

Why Cleanliness Matters

At the sound of the chime, pupils at Nibukata Elementary School in Hachioji begin to carry out their assigned cleaning task for the day.

Japanese people are not alone in the world in placing a high importance on cleanliness, but the pursuit of cleanliness in Japan does have unique facets. In this month's Feature Story, we look at how the benefits of clean living become ingrained in Japanese from a young age and continue to be extended into modern-day business and social practices.

At Nibukata Elementary School in the suburban Tokyo town of Hachioji, about 400 students from grades one to six immediately set to work cleaning when a chime rings at one o'clock following lunch. Teachers also take part in this daily task, but students do the lion's share of the work. During the twenty minutes that cleaning lasts, students sweep the classrooms with brooms, wipe the halls with rags and clean the lavatories with mops, with each child performing his or her assigned task. When the students reach the higher grades, they clean other classrooms as well as their own, including the science room and the arts and crafts room. Sixth graders help the first graders, who are not used to doing such work.

"The senior students have to serve as role models for the younger ones, so we have to watch our step," says a sixth grade boy. "We have to hunt for the spots where its hard for anyone to notice it's dirty. I think it's natural for everybody to help clean the school they use themselves."

The practice of having children clean their own school is not unique to Nibukata Elementary School. It's followed at most all elementary, middle and high schools in Japan. Cleaning is seen as one type of special activity, or *tokkatsu*, a distinctive feature of Japanese-style education. The Japanese Curriculum Guidelines for elementary schools stipulate that, "through desirable group activities, children will develop their bodies and minds in a balanced way and expand their individuality as they cultivate an independent and practical attitude toward building a better life and good human relations as a member of the group while at the same time deepening their thinking about their own way of living and cultivating their ability to make the most of themselves." Other tokkatsu activities include club activities, sport field days, artistic performances and excursions.

Nibukata Elementary School pupils sweep a classroom with brooms.

"Raising children who know the joy of being useful to other people and to society is an educational goal of our school," says Shimizu Hiromi, principal of Nibukata Elementary School. "We stress tokkatsu for that reason. All schools have the pupils engage in cleaning, but the frame of mind we have our students adopt toward the work differs substantially from that of other schools. Our students don't engage in cleaning because it's the designated time or because it's a rule. Rather, their attitude is that they do the cleaning because it makes them feel good about attending school together."

One kind of tokkatsu for first graders at Nibukata Elementary School is the class meeting, in which students learn the importance of cleaning. At class meetings, teachers ask the children such question as how they feel if the classroom is clean, why the classroom gets dirty and what should be done to keep the classroom clean. The teachers don't provide the answers but encourage the children to think for themselves about the meaning and methods of cleaning. In this way, they learn to set to the task at their own initiative.

Tokkatsu under the Global Spotlight

In the absence of any school events, the children are normally at school for about seven and a half hours from 8:00 o'clock in the morning to 3:30 in the afternoon. Four and a half hours of this time are devoted to classes. The remaining three hours are devoted to various kinds of tokkatsu, including cleaning. As a rule, the children perform tokkatsu as a group. Sometimes the children of a single class are divided into several groups, and other times they form groups with other children of their same class level. One type of group are "committees" which comprise about twenty students from the fifth and sixth grades from different classes. There are nine committees at Nibukata Elementary School, including a library committee, a physical education committee and the health committee. For example, members of the library committee read to the younger children.

The Japan Journal JUNE 2016 11

「ジャパンジャーナル」によって、
弐分方小の特活が世界に発信された。
『The Japan Journal』JUNE 2016 Vol.13 No.3 より

エジプト政府は、掃除に関心

平成27年10月、「エジプト・アラブ共和国日本招聘に関わる基礎教育グループ対策チーム」が弐分方小を訪れました。

そのチームのメンバーは教育大臣、大臣顧問、エジプト大使館二等書記官、エジプト大使といった政府高官の方々です。

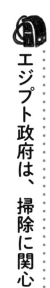

理科や家庭科の授業を見た後、1年生の学級活動(2)の授業を見学しました。子どもたちは、掃除の問題点や改善の仕方を話し合い、実際に掃除に取り組みました。エジプトもモンゴルと同じように清掃員がいて、子どもが学校の掃除をすることはありません。本校の子どもたちがチームを組んでいきいきとして楽しそうに掃除をしている様子を見て、「日本の特活をエジプトでぜひ生かしたい」という声が、聞かれました。

さらに、給食体験もしていただこうと計画。しかし、エジプトの人たちは、宗教上豚肉を食べることができないので鶏肉の給食を準備しました。しかし、お祈りをした鶏肉しか食べることはできないとのことでした。さらに、十二時にお昼を食べるという習慣がなく、結局、給食体験はなくなりました。文化の違いを感じた出来事でした。

子どもたちも、お客様の訪問にはりきって、普段ならしないところまで隅々丁寧に掃除していました。また、エジプトからのお客様にエジプトの言葉であいさつをするなどして、子どもたちなりにおもてなしをしていたのです。

学校では、モンゴルからの視察のときにはモンゴルの言葉、エジプトの視察のときには、エジプトの言葉を教え、あいさつができるように準備をしていました。子どもにとっては、世界を知るいいチャンスになったと思います。

エジプトの教育視察団が弐分方小を訪問。子どもたちの授業を視察した。

コラム

世界から注目を浴びる　日本の教育　TOKKATSUプラス

國學院大學教授
前・文部科学省視学官
杉田　洋

◆平成27年1月、エジプト・アラブ共和国のエルシーシ大統領が、エジプトを訪問した安倍晋三首相に日本の教育への強い関心を伝えたことが発端となり、同国の初等教育に「TOKKATSUプラス」と称した日本式教育の導入が始まっています。同年10月には、JICAとエジプト教育・技術教育省が2校の小学校において清掃、日直当番、手洗いなどを試行的に導入しました。今年度は、これを13校に広げ、今後4年間で200校にまで増やす計画です。私は、そのために教育省への助言、大学関係者へのセミナー、パイロット校教師への指導などの協力をしています。

また、モンゴル国でも、日本の大震災の際の自助、共助の日本人の姿に感動し、そのような人間づくりに寄与した学校教育の一つとして特別活動の導入を始めています。私自身も、モンゴル国立教育大学の客員教授としての助言やシラバス作成などの協力をしています。同国文部科学省もエジプト教育・技術教育省は、行政担当者、学校教師などを日本に派遣し、学校視察などをして学びを深めています。その中心的な受け皿を、特別活動を中核に学校づくりをしている八王子市立弐分方小学校にお願いしました。

実際の海外への特活導入は、文化的・宗教的な背景の違いが障壁になり、容易に進まない事情もあります。エジプトでは例えば、清掃活動は、「業者が行うもので、子どもにさせることではない」と保護者が強く反対し、学校長の粘り強い説得が必要になりました。また、日本で当たり前の「自分の机や椅子」「背の順での整列」も、当初は「早い者順」の考え方を変えられない保護者も少なくありませんでした。

一方で、教師の指名する特定の子どもがリーダーになるエジプトで、日直当番が思いの外、好意的に受け入れられました。「私にもリーダー役が回ってきたと喜び、休まず学校に通うようになった」とのことで、役割があると学校が好きになるのだと新たな発見にもなりました。また、最近では、「学校がきれいになることがうれしく、家でも掃除をするようになった」などと肯定的に捉える保護者も増え、学校での清掃活動が働く楽しさを実感できる大切な場だと再認識しました。

◆エルシーシ大統領が平成28年2月末に日本を公式訪問した際、安倍首相とともに「エジプト・日本教育パートナーシップ」（EJEP）を発表し、日本式教育導入が本格化しました。清掃道具入れ、ロッカー、机や椅子、職員室なども備えた日本式校舎の建築も始まっています。また、午後2時頃までだった教師の勤務時間を延長することや、特活導入のための授業時数の増加も検討されています。さらに特活（TOKKATSUプラス）の他の取り組みである朝の5分間ドリル、時計を設置して時間を守る、早寝早起き朝ご飯、体力測定などのさらなる定着も目指しています。その他、多くの教育関係者が来日し、特活に加えて各教科授業、職員会議や校内研修、教育委員会制度や大学における教員養成課程など、様々な側面から直接日本式教育を学べるようにする研修制度の計画立案も始まっています。

今後の課題は、日本式教育導入のためのステップと優先順位の明確化です。日本の特活では、子どもたちが働くことの意義を理解し、具体的な目標などを決めて主体的に取り組むための話合い（学級活動）と、実際の清掃を組み合わせて指導しています。それは、基本的な生活習慣、健康・安全、食育、人間関係などの指導も同様です。今後は、日本式生活と話合いによる指導とを組み合わせて教育する日本式特活の理解を深める必要があります。

9月の訪問時にはその第一歩として、エジプトの先生方に授業計画づくりのワークショップを開催したところ好評で、実際に取り組みを始めた学校も出てきました。いずれにしても、日本式をそのまま導入することは現実的ではなく、エジプトの教育関係者や国民が納得いく形で取り入れなければ定着することもありません。他の国も同様ですが、その国の状況に応じた形で導入する「現地化」をいかにして行うかが、成否の鍵を握っていると言えます。

◆中東やアフリカ諸国が日本式教育に関心を寄せている背景には、教育によって国家の礎を築きたいと考えているということがあります。規律と協調性、自主性などを育てている特活は、その日本式教育の一つとして期待されています。楽しく豊かな学級・学校生活づくりのための話合い（学級会や児童会など）を通して、子どもたちに民主的思考を育て、戦後日本の民主化のための役割の一端も担ってきました。誰もが等しく活躍できるような人権感覚や人間関係も築いてきました。その意味で、日本の授業研究（レッスンスタディ）が世界に広まったことの影響力は大きかったのですが、特活は、それ以上に一つの国づくりの考え方を変えるきっかけをも秘めているところに、大きな期待があるのだと思います。

インドから視察団が訪問

平成28年6月には、インドからも視察団が訪れました。

インドの教育庁の人たちは、理科室を見て感動していました。本校の理科室は決して設備が整っている方ではありません。きれいに整備してはありますが、ごく普通の公立小学校の理科室というところです。それでもインドの学校よりは充実していたようです。そして、教員の給料や雇用条件などを聞いていきました。インドは数学が進んでいるのではないかと質問したところ、一部の学校は確かに進んでいるが、全員がそういう教育を受けているわけではないと、インドの課題を話してくれたのです。

学習指導要領によって全国のどの地域でも、一定の水準の教育を受けられる日本の学校をうらやましいと言っていました。

もちろん、インドにも掃除などの活動はありません。「日本では、掃除も給食もすべて特別活動に入っています」と言うと、驚いたようでした。

この海外視察団のニュースが新聞などのメディアで地域に発信され、地域の人が喜んでいました。

「弐分方小すごいね。特別な掃除をしているんでしょう」と言うので、学校だよりに、「弐分方小学校の掃除はごく普通で、どこの小学校でも行っているものと同じです。ただ、何が違うかというと、子どもたちが意味を理解して行っていることです。そこが他の学校と違うところです」と書きました。

清掃は立派な教育活動です。自分たちの生活環境をよりよいものにしていく、主体的な活動なのだということを、地域の方たちにも伝えていきました。

何でも意味を理解して行うと、日本の教育の文化には素晴らしいバックグラウンドがあることに気付きます。

日本の教育は、教科の内容を教えるだけではありません。全人格形成を学校で行い、そのほとんどを特活が担っています。人が話をしているときは静かに聞くというようなマナーを含めた行動パターンや、ルールだけではなく、そこには価値観も入れるから、子どもたちは、例えばごみが落ちていたら自然と拾いたくなるような気持ちに育っていくのです。

宿に泊まった後、布団をたたんで帰るといったことは、移動教室でしつけられています。布団が乱雑なまま帰っても、宿の人が片づけするから支障はないわけですが、そのままだと恥ずかしいという〝心〟があります。そういうことを日本の学校では教えているのです。そして、それを教師が意識して実践するところが、特活を大切にしている弐分方小の教育方針なのです。

自分たちの生活環境を、よりよいものにしていく。

第6章 すべての人に、「特活脳」を贈りたい

特活的な視点で物事を見る「特活脳」になろう

教師が悩むことは何でしょう。私の経験から言えば、子どもの学力や体力について、保護者からの苦情、同僚との人間関係などです。

あなたがもしこのようなことで悩んでいるならば、「特活的な視点で、物事を見てごらんなさい」と言います。この特活的な視点で物事が見られるようになる思考回路を、「特活脳」と呼んでいます。

私はいろいろなことを「特活脳」で物事を考えて、これまでの様々な悩みを特活脳で乗り越えてきました。「特活脳」とは、ひと言で言えば立ちはだかっている壁をどうしたら乗り越えられるかと考える頭脳です。

特活的な視点というのは、「みんなで一緒に楽しいことをやろう」ということです。この中には、主体性とか協働性とかコミュニケーション力などが含まれていますが、キーワードでは「みんな」「楽しい」「自分事」のような気がします。

そしてこれを実現するための条件として、「リズム」「プレッシャー」「愛」が必要なのです。
この「リズム」「プレッシャー」「愛」は、教育には必ず含まれています。日々の生活の中にこの条件を組み込む思考をするのが、「特活脳」です。

子どもの学力、体力を伸ばす「特活脳」

「馬を水辺までは連れていけるけれど、水を飲ませることはできない」と私は、よく言っています。何をするにも本人がその気にならなければ、始まらないからです。どんなごちそうでも、本人が食べてみたいと思わなければ、味わわせることはできません。

特活脳のアプローチは、子どもの主体性にアクセスするものです。いかにやる気を出させるか、意欲を高めるかが活動の第一歩です。特活では、それを「スタンディング」と呼んでいます。うまく立ち上がることができれば、あとは成功体験が子どもたちを次のステージへ導いてくれます。

そこで悩める教師たちの声が聞こえてきます。

「どうしたら、子どもたちを主体的に行動させることができますか」

答えは明確です。そうしたくなるような仕掛けをつくるのです。仕掛けをつくるのは、特活の得意技です。例えば、馬に水を飲ませたかったら、のどが渇くまで待つことです。たくさん走った後で水場に連れていくとか、時間を考慮するとか、暑い部屋に入れるとか、たわいもない工夫を100ぐらい考えれば、きっといい仕掛けが見つかります。

小学校では、特活を「自主的、実践的な活動」と学習指導要領で示しています。自主活動ではなく、自主的な活動なのです。教師が意図的に様々な仕掛けをして、子どもたちを導いていくのです。どんな仕掛けでもいいので、100ぐらい考えてみましょう。特活100本ノックです。

そこで必要になるのが、「リズム」「プレッシャー」「愛」の3つなのです。

1時間の授業でも、1年間の活動でも、だらだらと同じことをくり返していてはマンネリ化します。集中するとき、やれやれとほっとするときなどを巧みに組み込んで、学びにリズムをつくるわけです。

私は「校長室九九検定」を実施しています。これは30秒でランダムに出てくる18問のフラッシュカードの九九を答えるというものです。子どもたちは30秒間、思い切り集中して取り組み、終わったときには「ああ、疲れた」とか、「息しなかった」とか言いながら、校長室のソファでリラックスします。集中と弛緩の「リズム」です。

18問というプレッシャーもかけています。

特別支援の子の場合はこっそり、フラッシュカードをわからないように減らします。内容も、8×7などではなく、2×3など簡単なものを入れるようにします。その質の違いは、2年生では気づきません。そうして、どの子もがあたかも自力で乗り越えたような満足感にひたること。それが「愛」です。

体力の向上も全く同じです。

インターバルを置いてトレーニングする方が体力が付くと言うのは、まさに「リズム」を意識した活動です。そして越えられそうなぎりぎりのハードルを用意して「プレッシャー」をかけます。はるかに無理というのでも、楽すぎるものでもだめです。そして、がんばり続けるように、皆で応援する。これが「愛」です。

このように、「リズム」「プレッシャー」「愛」を取り入れて、皆で楽しいことを考え、企画するのが「特活脳」なのです。

でもここでまた、悩める教師たちの声が聞こえてきます。

「それでは何が楽しいことなのでしょうか」。

人によって楽しいと思うことは違います。

さて、あなた自身はどういうことならやりたくなって、主体的に行動するのか考えてみましょう。

人間にとって何が一番楽しいことなのか、その視点を「すること」に向けてはいけません。楽しさは「価値」です。そして最も楽しい価値は、「人の役に立つこと」。自分の力で人を喜ばせることです。何をするかが問題なのではありません。

子どもたちの中にもある「役に立つ喜び」を味わわせていくことが特活なのです。特活を通して、クラスや全校の友達のために協力して活動することを価値付けていきます。

「特活脳」をもっていれば、教師は楽しいことだらけになります。いつもわくわくすることを子どもたちの周りにたくさんつくることができます。そして、子どもたちは、ぐんぐん伸びていくのです。

保護者からの苦情を乗り切る「特活脳」

保護者は何故苦情を言うのでしょう。「この人明らかに、変だ」「理解できないほど、自己中心的だ」というような保護者は確かにいます。けれど、彼らが学校に苦情を言ってくるには、何か別の伝えたいことがある場合が多いのです。

保護者の個人的な悩みまで我々は面倒をみられません。夫婦関係・仕事・嫁姑・借金・DV・病気とか、もろもろのことが関係して、保護者は学校にそのはけ口を求めて来ることがあります。

それらの原因を解決できない限り、保護者の苦情はなくなりません。だとしたら苦情にならないように、保護者に「特活脳」的なアプローチをしてみましょう。

保護者は皆、我が子がかわいいのです。自分の子どもにとって不利益になることが嫌なのです。子どもが楽しそうにしていれば満足するわけです。では、子どもはどういうときに楽しそうにするかというと、自分が認められていて、自己実現できているときです。

だとしたら、学校の中で、子どもを認め、自己実現できるチャンスをたくさんつくっておけば、保護者は満足します。少なくとも自分のイライラを、子どもの不安にかぶせて学校にぶつけてくることはなくなるでしょう。

実際、私は子どもたちにたくさんのチャンスをつくりました。子どもたちも、「校長先生、チャンスをありがとう」と言ってくれています。子どもが満足なら、保護者には苦情を言いに来るきっかけがありません。これも、「特活脳」で子どもたちに楽しいことを体験させているからこそ、できるのです。

同僚との人間関係がうまくいく「特活脳」

同僚とうまくいかないと、教師はたいへんなストレスを感じます。私も教員時代、夫の次に大切なのは、学年を組んでいる同僚だと思っていました。学年を1年間組むということは、夫よりも長い時間を共に過ごすということです。同僚とのストレスで仕事を辞めた教師さえいます。

同僚とのトラブルは、相手が指示したやり方でやってくれない、自分はこうやりたいのに認めてもらえない、などというのが多いでしょう。でも、大丈夫。「特活脳」ならそれを乗り切れます。

「特活脳」があれば、「何をやるかではなく、どうやるか」ということの価値を知っています。これをやらないとだめと言われたら、「はい、わかりました。やります」とにこにこと引き受ければいいのです。そしてそれを特活脳でアレンジするのです。必ずうまくいきます。そして「おかげで、うまくいきました」と笑顔で報告しましょう。

教師は基本的に真面目でよい人が多いのです。真剣に子どものことを考えています。だから、各自がこれがいい、このやり方がいいというのには、それぞれの経験の上に成り立つ自分としての根拠があるのです。だれしも否定されるのは嫌でしょう。「何のためにやっているのか」。それは子どもの能力を伸ばすため。さらに、「何をやるかではなく、どうやるか」という「特活脳」が働けば、同僚との関係がうまくいくのが目に見えるようです。

特活は体質改善のようなもの

弍分方小は、特活の研究を4年間続けてきました。そして、間違いなく自尊感情は向上し、主体的で協働的でコミュニケーション力のある子どもたちに育っています。話合い活動や異年齢交流で人間関係を整えているうちに、クラブ活動や委員会活動を楽しむようになり、学校行事は充実し、涙、涙の「6年生を送る会」も子どもたちが企画し、実践できるようになりました。

本校を参観にいらっしゃった指導主事が子どもたちの学習態度に感心し、体力向上のデータに都の担当者が驚き、保護者の苦情は激減するという夢のような本当の話です。何もかもが一気に改善されるのです。魔法でもなく、それが「教職員が一緒に特別活動をする」という結果です。

特活は体質改善のようなものです。悪いところをメスで切り取る外科治療ではなく、自然治癒力や免疫力が高まり、あるとき、急に一度に何もかも改善されるのです。どうかそのときを信じて、特活を続けてください。形だけを真似するのではなく、ぜひ

「特活脳」を身に付けてください。

特別活動のキャリア形成は、生き方を考えること

小学校におけるキャリア形成は、職業選択ではなく生き方選択です。子どもが自らの力で生き方を選択していくことができるよう、必要な能力や態度を身に付けることなのです。自分が自分として生きるためにどうありたいのかを考え、それを実現させていく子どもを育てることがキャリア教育ですから、特活の得意分野といえるでしょう。

次期学習指導要領では、小学校の特活の中に「学級活動(3)」としてキャリア教育が明示され、中学・高校とつながっていくことになりました。

といっても、今までの「学級活動(2)」日常生活への適応・安全の部分から、生きる態度の部分が特別に取り上げられるとのことですから、改めて特活の趣旨が変わるというものではありません。

自分の目標に向かってやりきる子どもを育てることは変わりません。そう考えると、私がやりたい教育活動の最終目標はキャリア形成だといえます。

本来、教育の目的は、「人格の完成を目指し」と社会の形成者を「育成」することが、教育基本法の第一条なのです。それが特活と同じことを言っているのですから、私は特活を専門にしていることに誇りをもっています。

学校はよい子を育てているのではありません。よい大人になる子を育てているのです。よい大人とはどういう大人かといえば、自分の能力をしっかり伸ばして働き、社会で役に立つ大人です。それこそが持続可能な社会をつくるのです。

私の身近に、筋肉が弱くなってしまう病気の女性がいます。彼女は障害者を支援するNPOを立ち上げ、全介助状態なのに一人暮らしをし、「自分にできることはどんどん外へ出て、障害がある人も普通に生きていることをみんなにアピールすることだ」と言っています。自分にできることは何なのか、主体的に考えて努力している彼女はとても素敵です。自分の能力をしっかり伸ばして働くというキャリア形成がなされているといえます。今ある環境を、社会をよりよいものにしていくために、自分にできることを見つけて、仲間と一緒に工夫しながら、何とかして実現していくこと、その積み重ねがキャリア形成につながるのです。

　頭の良さを計る物差しは、二つあります。一つは学力テストで表れる尺度です。そして、もう一つは「心の知能指数」です。算数や国語ができなくて人に嫌われることは少ないけれど、協力しない、約束を守らない、自己中心的な人は嫌われます。できれば関わりたくないものです。学力が低くても、助けてもらいながら一緒に前へ進み、人の役に立つことができます。けれど、人と関われない人は取り残されます。

　特活の特徴的な視点として、「個」と「集団」があります。「人格の完成」と教育基本法でいっているのは「個」であり、「社会の形成者」といっているのは「集団」です。

　ですから、特活の得意分野がキャリア形成だということを、ご理解いただけるかと思います。

特活脳になるための10か条

1 **ハレとケのリズム**を楽しむべし
2 **プレッシャー**を楽しむべし
3 **工夫すること**を楽しむべし
4 **前例がないこと**を楽しむべし
5 **人との違い**を楽しむべし
6 **自分で決めること**を楽しむべし
7 **とにかくやってみること**を楽しむべし
8 **みんなと一緒**に楽しむべし
9 **自分事にして**楽しむべし
10 **人の役に立てること**を楽しむべし

おわりに

セクハラ・パワハラとしかられてしまいそうですが、私は独身の教員に結婚を進めています。結婚というのは価値観の違う環境で育ってきた者同士が、何とか折り合いをつけて生活をするということです。それはまさに「幸せに暮らす」という目的に向かって具体的な目標を作り、その達成のために様々なことを話し合い工夫して、自分たちで実現していくという、特活的なプロセスが学べる環境だからです。「特活脳」があれば、必ず乗り切ることができます。

しかし、最近は結婚相手を見つけられないという人がいます。なかなか自分の運命の人がいない、理想的な人がいないというのです。

「そんな人はいませんよ！」

笑い話のようですが、私はよくこんなことを言っています。

「石を投げて当たった人と結婚しなさい」

石を投げて当たった段階で、すでに運命の人です。あとは、その人とどうやって折り合いをつけて暮らすかの工夫だけです。

与えられた環境の中には、いいことも悪いこともあります。そこから逃げることなく立ち向かい、人生に次々やってくる大波小波のリズムを楽しみ、常に目標をもって壁を登り、乗り越え、周りの人たちに愛を注ぎ、幸せに暮らしていくには、「特活脳」がたいへん役に立ちます。

皆と一緒に楽しいことをすることが、自分の人生を切り開くエネルギーになります。キャリア教育の最終ゴールは、「特活脳」を身に付けることだろうと私は思います。あなたと、あなたの周りの人の幸せのために、存分に「特活脳」を活用してください。

最後になりましたが、常にグローバルな視点から特別活動の価値を語り導いてくださった杉田洋先生、文部科学省初等中等局教育課程課教科調査官・安部恭子先生、元全国小学校学校行事研究会会長・野田照彦先生のおかげで、特別活動のよさを一冊の本にまとめることができました。

また、実際に「楽しい学校づくり」に挑戦し続けてくれた、弐分方小学校の教職員に心から感謝申し上げます。

平成29年3月　清水弘美

profile　**清水　弘美**　（しみず ひろみ）

東京都八王子市立弌分方小学校校長。

特別活動を柱にした教育活動により、子どもの自尊感情を高め、学級崩壊のない学校づくりを実現。2015年には、モンゴル・エジプトなど各国の教育者が同校を視察に訪れ、「特別活動」「日本型教育」のモデル校として新聞各紙で大きく紹介され、話題となった。

著書　教育技術MOOK『みんなでできる！　心がまとまる！　集団行動の指導法』、教育技術MOOK『台本選びから演技指導・演出法まで　学芸会の指導～成功への道筋～』（小学館）。

特別活動で
みんなと創る　楽しい学校

2017年3月22日　初版第１刷発行

著者：清水弘美
取材・構成：浅原孝子

装幀・本文デザイン：trispiral　藤崎知子
表紙撮影：和氣　淳
編　集：和田国明

発行人：杉本　隆
発行所：株式会社　小学館
〒101-8001　東京都千代田区一ツ橋２－３－１
編集　03(3230)5389　販売　03(5281)3555
印刷所：萩原印刷株式会社
製本所：株式会社若林製本工場

造本には十分注意しておりますが、印刷、製本など製造上の不備がございましたら「制作局コールセンター」（フリーダイヤル0120－336－340）にご連絡ください。

（電話受付は、土·日·祝休日を除く 9:30～17:30）


　ISBN978-4-09-840174-1